工匠精神与高校教育的融合培养

殷朝华　陈　晗　刘柏山◎著

中国出版集团
中国民主法制出版社
全国百佳图书出版单位

图书在版编目（CIP）数据

工匠精神与高校教育的融合培养 / 殷朝华，陈晗，刘柏山著．— 北京：中国民主法制出版社，2023.8

ISBN 978-7-5162-3319-1

Ⅰ．①工… Ⅱ．①殷… ②陈… ③刘… Ⅲ．①高等学校 – 教学模式 – 研究 – 中国 Ⅳ．① G642

中国国家版本馆 CIP 数据核字 (2023) 第 139742 号

图书出品人：刘海涛
出 版 统 筹：石　松
责 任 编 辑：刘险涛

书　　名 / 工匠精神与高校教育的融合培养
作　　者 / 殷朝华　陈　晗　刘柏山　著

出版·发行 / 中国民主法制出版社
地址 / 北京市丰台区右安门外玉林里 7 号（100069）
电话 /（010）63055259（总编室）　63058068　63057714（营销中心）
传真 /（010）63055259
http: //www.npcpub.com
E-mail: mzfz@npcpub.com
经销 / 新华书店
开本 / 16 开　787 毫米 ×1092 毫米
印张 / 10.5　**字数** / 249 千字
版本 / 2023 年 8 月第 1 版　2023 年 8 月第 1 次印刷
印刷 / 廊坊市源鹏印务有限公司

书号 / ISBN 978-7-5162-3319-1
定价 / 58.00 元

前　言

我国正朝着制造强国的方向快速发展，对于相关专业人才有着极大的需求。工匠精神是中华优秀传统文化的具体体现，是职业精神和职业态度的高度凝练，是高校教育的重要内容素材。高校作为人才培养摇篮，应该充分认识到应用创新型人才的价值所在，将教育与工匠精神紧密地融合到一起。

鉴于此，笔者撰写了《工匠精神与高校教育的融合培养》一书，在内容编排上共设置六章，分别为：工匠精神的基本理论、工匠精神重塑与文化厚植、工匠精神培育与传承发展、工匠精神融入高校教育管理的思考、工匠精神与高校德育教育的融合培育、工匠精神与高校教育融合培育的实践研究。

本书具有以下特点。

第一，以实用性为牵引，科学合理安排章节内容。本书从基本概念界定着手，将工匠精神与高校教育相结合，探寻促进我国高校教育的创新对策。

第二，语言表述力求通俗易懂，简明扼要。本书内容的安排遵循从易到难、循序渐进的原则，对工匠精神培育融入高校教育的理论和实践的必要性进行了探讨。

第三，全书结构清晰，客观实用，注重理论与实践相结合、讲授与学习相结合、认知与技能相结合，对从事高校教育专业的研究学者与教育管理的工作者有学习和参考的价值。

笔者在撰写本书的过程中，得到了许多专家学者的帮助和指导，在此表示诚挚的谢意。由于笔者水平有限，加之时间仓促，书中所涉及的内容难免有疏漏之处，希望各位读者多提宝贵意见，以便笔者进一步修改，使之更加完善。

目　录

第一章 工匠精神的基本理论

第一节 工匠精神的内涵界定

工匠即匠人，我们一般把具有高超手艺的人称为匠人，并将这些人身上所具有的严谨态度和专业精神称为工匠精神。从历史的发展角度来看，工匠主要依靠手工完成工作和劳动。随着科技的发展和社会的进步，工匠逐渐被冷落，这主要是因为工业革命之后，机器化生产逐渐取代了手工作坊的生产。但随着人们在追求速度的同时，也越发重视产品的质量，工匠精神的重要性也便得到凸显。

当然，手工作坊的生产方式已经成为过去式，人们提倡工匠精神，不是鼓励人们回到过去，从事手工劳作，而是希望我们秉承工匠精神，并把它运用到我们的学习、工作和生活中，我们可以不做工匠，也不需要每个人都成为匠人，但工匠精神在任何一个时代都不过时，它应该成为我们灵魂的一部分，尤其是在高新技术成为主导发展方式的现代生活中，工匠精神弥足珍贵。

事实上，工匠在现代企业的生产流程中扮演着十分重要的角色。在生产活动中，设计图纸、设计标准都是要依赖工匠和经验丰富的熟练工人来完成的。因此，从某种程度上来看，如果企业想实现自己的发展目标，必然离不开技艺精湛的工匠。工匠从事的工作大都是重复的，但这并不意味着他们所做的工作都是无意义的，好的工匠往往能从重复性的工作中发现问题，从而想出办法解决问题，不断改进生产技术，为企业创造更大的效益。企业技术的创新不仅源于专家和工程师的功劳，也源于工匠的努力，他们在企业中发挥着极其重要的作用。

在中国历史上，出现了很多具有工匠精神的典范。例如，春秋战国时期，鲁班凭借自己的智慧和精湛技艺，不仅发明了木工工具、农业工具，还发明了仿生机械、攻城器械等，被视为工匠的典范；东汉时期，张衡发明了地动仪；三国时期，诸葛亮发明了木牛流马；

北宋时期，沈括撰写出了百科全书式的《梦溪笔谈》；明朝时期，宋应星编著了世界上第一部关于农业和手工业生产的综合性著作《天工开物》等。由此可见，中国自古并不缺乏工匠精神。

我国正由“制造业大国”迈向“制造业强国”，这对我国企业的发展提出了更高层次的要求。值得注意的是，在现实社会中，很多企业常常抱着投资少、周期短、见效快的侥幸心理，为了获得短期效益，而往往忽略了产品的质量。就这种现实状况而言，目前培育工匠精神才是每一个企业最先应思考的问题。人们强调工匠精神，是因为工匠精神是和企业的诚信形象、创新意识等相互联系的。我国企业要想实现真正意义上的可持续性发展，依靠工匠精神创造出高质量产品是必不可少的步骤。

第一，工匠精神的首要标准是，对所有产品都精益求精。在匠人眼中，所有的产品都具有生命力，因此，他们对自己要求严格，每一个匠人都想延长自己产品的使用寿命，想让自己的产品流芳百世。所谓的工匠精神，正是指不计较个人利益的得失，始终本着严谨专业的工作态度。

第二，真正的工匠精神，不仅是指制作过程中具有精益求精的专业精神，还需要具备一种无比坚定的信仰。匠人们相信自己制作出来的产品是独一无二的，是别人所做不到的，他们依靠自己的信念十年如一日地做同一件事，并享受每一个制作过程，这就是对精工细作的信仰，也是对工作的信仰。信仰也是工匠精神的重要内涵之一。

第三，创新是工匠精神的重要组成部分。中国还有一词名叫“匠心”，可以与工匠精神媲美。“匠心”，即精巧的心思，要求有技艺上的创造性。“工匠”只有饱含初心，不断提升技艺，才会产生“匠心”，这也就是创新。匠人只有能够“独创性运用精巧的心思”，几十年如一日，下苦功追求卓越，就可以逐渐成长为“巨匠”。“工匠”成为“巨匠”的那一刻，也就完成从优秀到卓越的跨越的一步。

“新时代工匠精神的核心要义包括兢兢业业的从业精神、团结协作的团队精神、精益求精的质量思想、追求卓越的创新思想”①。工匠精神的本质就是利用可行的技术解决问题或找到解决问题的办法，从而创造财富。工匠精神不仅是工匠文化的一部分，还是一个国家得以生生不息的源泉。回顾历史可以发现，从富兰克林到爱迪生，这些早期的科学家，他们称得上是真正的“工匠”，他们在不断创造，为创新带来了源源不竭的动力。创新让他们变成了真正的企业家，也为社会创造了不少财富。从这个角度来看，企业家身上所具有的魄力和创新精神，也是工匠精神的一部分。

在我们的印象里，爱迪生是一个了不起的发明家，其实他还是一个出色的企业家，在

---

① 孔伊昵，陈汉新，肖志坚.略论工匠精神的培养[J].西部学刊，2020（16）：27.

他辉煌的一生中，爱迪生成为多项专利发明的源泉。他敢于打破常规，并富有独创精神，这样的人在美国还有很多。例如，金·吉列、阿道夫·朱科尔、弗雷德·史密斯等。也许有些人的名字不为大家所熟知，但是提到摩托罗拉的手机、福特的汽车等，这些生活中的很多事物，其实都与他们息息相关。

中国古代的商人，也不乏工匠精神，但是没有形成自己的组织，建立起真正的企业，多数商人只能通过简单的商业流通，来改变世界。只有融入思想、创意的工匠精神才是最具现实意义的。无论是对于一个人还是一个国家而言，在如今这个时代，我们都需要工匠精神，都需要创新思维。只有当工匠精神渗透到全面创新的每一个行业和领域，才可以说，国家走上了大国崛起的梦想之路。

精神是一个民族的文化气质、文化品格，它深刻地影响着一个民族的生存和发展。而文化的核心是精神，这是“中国制造”缺乏的重要元素。对于每位劳动者而言，只有立足自己的岗位不断培养自身的综合素养，主动钻研专业技能，提升职业素养，为集体、为社会持续贡献自己的独特价值，个人的梦、集体的梦和中国的梦才能得以实现。

无论是从国家社会宏观发展，还是企业组织微观成长，乃至劳动者追寻个人职业生涯成功的方面来讲，工匠精神无疑都是值得提倡和大力弘扬的一种职业素养。而要弘扬工匠精神，就必须始终牢牢抓住工匠精神的核心：精进。工匠精神的六大内涵包括精确主义、专注主义、完美主义、标准主义、秩序主义与厚实精神，这基本上是德国文化刻苦、服从、责任感、可靠和诚实的体现。精进，即通过兴趣热爱、自律自省、强大心里韧性和抗挫力，不断推进自身在本职岗位和本专业领域内锐意进取、贡献价值，持续助力人企和谐共赢、国家社会繁荣发展。

对于企业而言，我们不但要培养懂技术、能做事的工匠，更要培养懂技术、会好好做事的一流工匠。而不忘初心，始终怀着最大的热忱，坚守第一次把事情做好、做对的信念与精进精神，正是打开一流工匠之门的钥匙。如果想要把工作做好只有两条途径：①找一份热爱的工作，能让自己心甘情愿为之付出；②热爱从事的工作，把热情全部投入当下的工作中去。如果我们对自己从事的工作足够热爱，便能够催促自己不断开拓创新、刻苦钻研，除此之外，自省自律的品质也是必不可少的，它能保证我们热爱工作的心始终如一。

我们对自己所从事的工作付出很大耐心和专注力之后，往往很难在短时间内收到立竿见影的效果，甚至还要忍受失败与枯燥乏味，这也许是一个漫长的、煎熬的过程，需要我们有足够的勇气，有足够强大的内心，做好自我监督，让自己沿着职业的正确道路前进。但往往很少人能坚持下来，大多数人让自己整天为各种琐事忙碌奔波，甚至屈服在功名利禄的诱惑和生活的压力之下，这其实是一种十分消极的生活态度。就工作而言，这种态度不仅会浪费宝贵的时间，也会浪费提供良好成长机会的平台，因此，这种逃避自我的生活态度是不可取的。

我们在从事自己本职工作的过程中，难免会遇到各种各样的困难，甚至遭遇失败，这是在所难免的，此时我们要收起萎靡不振的消极态度，更不能轻易选择放弃。每个人的职业生涯都可能遇上问题，很少有一帆风顺的，但我们始终应该怀着对未来的憧憬，怀着必胜的信念，相信眼前的困难都是暂时的，以自己强大的内心力量从困境中寻求突破，从而为工作开辟新的契机，迎接新的挑战，这样我们才会看到新的曙光。

敢于接受失败的人也是距离成功最近的人，这些人在面临失败时，会在失败中磨炼自己的心性，增强自己的抗压能力，从而为未来的发展奠定基础。而惧怕失败的人则恰恰相反，他们对未来充满了恐惧，用僵化的思维方式来看待眼前的问题，对不确定的未来充满担忧，甚至将问题无限放大，所以他们的职业前景只能越走越窄。

员工锐意进取的最终目的在于，通过自身实力获得企业、客户和社会的认可，从而实现自己的职业价值和人生价值。“技进乎道”，工匠精神的核心要义在于追求精益求精和锐意进取。作为职工，首先，要对自己从事的职业充满热爱和好奇；其次，要具备自省自律的品质以及强大的心理素质；最后，要以贡献作为实现自身价值的落脚点。只有同时具备以上几点，才能制造出精良的产品，也只有具备进取的精神和专业的素养，才能帮助我们在获得工作效益的同时推动社会进步，进而实现自己的人生理想。

中华的文明史换言之就是一部工匠的成长史和创造史，他们凭借着高超的技艺和卓越的品格在漫漫的岁月中，精雕细琢着各种各样的作品，将自己的全身心毫无保留的投入其中，用自己的血汗为我们留下一件又一件的传世杰作，这些作品不仅是我们的文化瑰宝，更是我们整个民族的精神至宝，是我们整个国家的无上荣光。

工匠精神可以从“现实层”和“超越层”两方面来理解。“现实层”主要是指工匠精神实存性的本位状态和事实（本来的意义）。这个实存性的本位状态也就是现象学所示的“事物本身”即工匠本位，这种精神的本位是内在于工匠的性质、领域或世界之中的。而工匠精神的“超越层”是指工匠精神已从其本位性的实体工匠创造活动，延展至具有普遍性的方法论意义的层面。这个超越性层面已经不再落实到具体的工匠活动领域，而是一种人生价值信仰、一种生存方式、一种工作态度，即一种人的本质力量的确认。所以，工匠精神是兼具“本位性”和“超越性”的群体性、集合性的概念，它不限定在某一特定群体和领域，更不是各种技术的概念集合，它是一种更高层次的，更具有传播性和继承性精神理念，它不仅应成为国民精神的内核，更应该成为世界精神的组成。工匠精神的内涵，具体如下：

一、创新发展，勇于探索

知者创物，巧者述之守之，世谓之工。百工之事，皆圣人之作也。创物的百工被誉为圣人，充分体现了人们对器具制造中融入的非凡智慧的崇拜，这种造物之智的核心便是创新，而创新对于当代的工匠而言就是最核心的精神。工匠的创造之旅可以用“有形之行”来概括，对于工匠而言，造物就是将自己的技艺、思考、情感等方面物化的过程，没有过硬的技术不足以成就精品，没有创新的精神不足以追求完美，创新对于工匠而言，就是一种不断挑战自我、挑战权威的进化过程，这需要他们拥有勇于探索的决心和勇气，不断累积自己的经验，打磨自己的技艺，磨炼自己的心性，这样才能在不断总结和顿悟中实现改良、改革和创造。唯有变才是不变的唯一真理，工匠们显然深谙此理，只有变才能新，只有新才能久，所以要不断求新求变，这样才能长久的存在。

古代工匠的大胆求索，力求创新的勇气和毅力，成就了中国的文明和辉煌，谱写了中华历史的不朽文明。当代工匠更应该具备这样的勇气和魄力。创新始终是推动一个国家、一个民族向前发展的重要力量。作为一名当代工匠不仅肩负着个人的荣辱，更担负着国家的兴衰，这就要求创新思维时刻保持高度的活性，时刻准备着抓住灵感的顿悟以求达到思维的突破，实现创新的目的。

二、乐以忘忧，敬业爱业

对于任何一个人而言，喜恶都是最本能的情感，做自己喜爱的事情更容易激发自己的潜力，也更容易成就一番事业，做自己厌恶的事情则容易滋生负面情绪，不易实现自己的抱负，这是人之常情。但对于工匠而言，他的理性会占据上风，努力驱逐感性对他的影响。从事自己所钟爱的事业自然是好的结果，能让自己全情投入，乐此不疲，但是现实的生活并不是按照个人意志支配的，并不总能令人满意，这就彰显了一种真正的工匠气质，一名真正的工匠是具有极高的情商的，他们会努力去发现生活中的美，即便在枯燥乏味的工作之中也能汲取乐趣，让自己充满激情忘却烦恼，也正是这样一种积极的心态才使他们更易实现创新，成就自身。

乐以忘忧，表面上看是工匠的性格使然，心态积极，但往内里挖掘其中隐藏的，其实就是工匠的敬业精神，因为敬业所以爱业，因为爱业才会更敬业。一名真正的工匠必然是爱业之人，但敬业之情必是更为深刻的，敬业之情是激情退却后的顿悟和沉淀，是一种更为持久和坚韧的情感，它是促使工匠一丝不苟、精益求精的原始动力，对工匠有着内在的约束力和监督性。对于当代工匠而言，敬业比爱业更重要，敬业精神换言之是当代工匠精神基础中的基础，有所敬才能有所为有所止，才能做到踏实爱岗，勇于奉献，完美实现自己的个人价值和社会价值。社会分工的细化使得岗位的分工也越加细碎，各行各业都需要有人服务，无法保证每个人都能对自己的工作乐在其中，这是一种无奈也是一种必然，那么就只能努力做到敬爱自己的职业，用这种更为理性和崇高的情感来提升人们的思想境界和认识水平。

三、保障质量，精益求精

工匠的首要职责是造物，造物过程是工匠本质力量对象化的过程，凝结着工匠的技术和气质，而产品的质量就是这些素质的直接体现，关乎工匠自身的职业质素和气度风貌，所以，产品的质量绝对不容忽视，一分的瑕疵反映的是十分的粗心，百分的懈怠，万分的不严谨，绝对的不专业，这样的产品和人品都不足以取信于人。产品的质量可以用一定的量化标准来衡量，但产品的品质却是一种无形的存在，很难用具体的标准来度量，正因如此，工匠对于产品的“质”才会有一种近乎偏执的坚持，只有不断打破质的新高度，才可能达到臻于化境的境界，这种精益求精的执着，不仅是对产品质量的严格把控，更是对自身品质的卓越追求。

在这个物质膨胀的年代，当代工匠所要追求的不是量化的比拼而是品质的提升，价廉已经不能满足社会发展的需要，物美对于大众的吸引力反而更大，所有的产品没有最优只有更优。因此，只有锐意进取，坚持精致的产品才能走得更远、更久、更稳。对于现代人而言，产品不只是商品，服务、思想、知识等都是产品，它们都需要工匠以严谨的态度精雕细琢，以最优异的面貌输送给大众，否则会产生对社会资源造成极大浪费的现象。

四、坚定信念，积累经验

对于一个工匠而言，创新绝不是思维火花的灵光一现，创造的过程实质上是一种累进式的过程，它需要经验的积累，技术的磨合，反复的思考和总结，没有足够的沉淀是不能实现真正的创新的。一名爱业敬业的工匠，最基本的精神就是坚持，缺少这份坚持，不足以做到对产品的精致琢磨，也不可能做到对技艺十年如一日的雕琢，更无法获得乐在其中的满足感。

现代社会追求快速的发展，崇尚“快文化”，这与工匠精神是存在一定矛盾的，真正的品质不是一蹴而就的，真正的完美也不是一夕促成的，所以，作为一名当代的工匠，一定要有坚不可摧的执念，耐得住寂寞的考验，宁花一生打磨一件精品，也不耗一时制造一件劣品。精品即便不能流芳百世但气韵不灭；劣品纵然价值万贯，但是气度不华，十年一剑的精气自有神韵内化其中，这是急功近利的产物绝不能显现的风华。坚持不一定成功，但不坚持就肯定失败，如果要想成为一名工匠，就务必具备决心和耐心。

五、谦恭自省，永葆初心

古人讲文人相轻，对于匠人而言这种心理是不可取的，技艺的进步是永无止境的，我们只能不断攀登上技艺的高峰，却永不可能登峰造极，一名合格的工匠技艺只是评判的基础而非全部，只有超群的匠艺而没有出色的匠心，也是难登大雅之堂，难以成为殿堂级的大师。

谦虚对于一个匠人而言，不只是一种性格更是一种品质，谦虚源自对技艺的不懈追求，源自对产品的苛刻要求，更源自工匠对自己身份的自觉。谦虚是对自身的提醒也是一种鞭策，激励自己一往无前，不断进取。真正的谦恭具备自省的力量，能够帮助我们看清来时路，找回最初的梦想，重拾初心。始终保持在众人皆醉之时的通达，使自身能堂堂正正自信满满地屹立于世，无愧于心。

六、突破领域，分汇并举

未来社会的发展最需要的是“T 型人才”，即这类人才，除了在自己的专业内做到术业有专攻的同时，还有广阔的知识面，是专才以及通才的完美结合，这种要求其实对于当代工匠而言是一种发展的必然趋势，当代工匠的多重身份决定了他们注定是不能单一化的，多面性和立体化的发展，跨学科和跨领域的研究，这些都将是最稀松平常的事情，这不是工匠自己的意志，而是社会和时代的要求。

由此可见，一名当代工匠自然就要有这样一种突破领域，跨越式发展的要求和自觉。一定要打破固有的思维定式，不要局限在自己的领域不前，要大胆涉猎其他领域的知识，在知识的融合中为自己打开新思路，鼓励自己时刻进行头脑风暴，在跨越和融通中实现全新的进步和提升。工匠最核心的竞争力是创新能力，创新在一定程度上是具有保守性和排他性的，但现代的创新要走上合作之路，依靠集体智慧来实现，过分的界限规定，限制交流沟通，只能损害工匠精神的发扬。

七、学无止境，专注深入

随着时代的改变，终身制的教育和学习也正在融入大众生活。作为一名当代工匠更应该有这样的洞察力。如果想要紧跟时代的步伐，就要不断学习，来充实自己的知识储备；如果想要保持自己的敏感度就要不断学习，掌握最新的前沿，储备尽可能多的知识素材。而且这样的学习并不只是肤浅地了解，而是要专注地深入，不能深刻地了解就不能深刻地领悟，作为一名工匠只有知识的宽泛是不够的，这样的认识是不能经受住考验和推敲的。

其实作为一名工匠，潜心钻研不只是说学习方面，工匠工作的每一个环节都需要融入这种专注严谨的精神，没有这份专注就没有过硬的技术，也没有精良的品质。一名真正的工匠不仅要有这份对技艺和质量永不妥协的倔强，还要有一份专注其中的执着，唯有大智慧才能成就真正的工匠。

八、技道融合，以人为本

将天道之美渗透在技术之中才是人间大美，这一境界也是自古以来工匠的不懈追求，而且这种把对技艺的体悟，对作品的诚意，对人情的体恤，对自然的敬畏，依凭匠心之巧思，倾注在制作过程之中，恰恰也是匠人真正的乐趣和追求之所在。真正有感染力的作品，必然是要倾注匠人的生命感悟力的，真正的艺术是情感的表达，是人文情怀的书写，更是匠人精神世界的抽象。匠人的风骨就是作品的气质，作品的气质就是匠人的胸怀。

一名出色的工匠必然要做到人与自然的和谐统一，没有如此情怀就没有精彩绝伦的作品。对于当代工匠而言，这种人文情怀就更加重要，现代科技在工艺之中的大范围融入，促进了社会的高速发展，但也导致人类发展的异化，使得人的发展片面化。科技导致了人类的自我膨胀，使我们的敬畏之感缺位，所以我们才如此强调以人为本，这不是一种单向的要求而是一种双向的关怀，匠人要关注整个人类社会的发展，人类也要关注匠人的精神世界建设，这是一个互动的过程，是匠人对整个人类社会的温情，也是社会对工匠的尊重，这也是社会健康成长和人类全面发展的基本要求和追求目标。

总而言之，工匠与工匠精神无论是作为中华文明史的见证，还是世界文明史的动力，都有着举足轻重的位置和作用，尽管随着人类改造世界的能力的强化，工匠和工匠精神在不同地域与时间上出现了不同程度的弱化，但其光华却伴随着人类认识能力的提升而再度得到升华，这并不是偶然而是人类进步的必然。在这一过程中，对于工匠与工匠精神的认识也得到了新的丰富和补充。作为一名当代工匠要拥有一重细心、一重决心、一重痴心、一重斗心、一重恒心、一重慧心凝聚起来的匠心，这样一颗赤诚的匠心不仅承载着我们民族昨天的伟岸，更关乎今天的发展和明天的富强，因此，我们一定要清醒认识，认真对待，提上日程，尽心培育。

第二节　工匠精神的特点与时代意义

一、工匠精神的主要特点

“所谓工匠精神，是指工匠们对设计独具匠心、对质量精益求精、对技艺不断改进、对制作不遗余力的精神追求”①。在中华文明源远流长的历史长河中，历代工匠创造出的各种艺术品成为我国灿烂文化的缩影，从古代运往欧洲的精美的瓷器、华美的丝绸到现代出口国外的智能手机、桥梁、高铁等产品和项目，无不饱含着精益求精的工匠精神，闪耀着工匠独有的精神特质，这种精神与中华优秀的传统文化不断融合，已经成为中华民族精神中最为精致的存在，彰显出巨大的能量。工匠精神的主要特点，具体内容如下：

（一）重视返璞归真，精益求精

中国工匠精神体现了万物返璞归真的哲学思维，工匠们的灵感来源于生活，创作对象取材于自然，例如，鲁班锯的发明就是典型案例。工匠精神的这一特点与当时的生产条件密切相关。原始社会末期，物质生产相对落后、科技文明相对不发达，人们往往以天然产物为原料加工制造生产工具，或是生活用具。从粗糙、不规则的打制石器到光滑、匀称的磨制石器；从“未有麻丝，衣其羽皮”到“嫘祖教民育蚕，治丝茧以供衣服”；从简单的石器、骨器、木器等工艺制作到复杂的制陶、纺织、房屋建筑、舟车制作等原始手工业，无不体现了早期工匠艺人追求自然改造的工匠精神。

在河姆渡文化时期，人们用石、骨、象牙制成饰品，磨制净光，以其表示一种深邃的寓意。例如，工匠们制作刻有花纹的骨算，并佩以磨得光洁晶莹的块、璜、管、珠等装饰品，用它来固定头发；又如，要想制作一件象征地位的鸟形象牙圆雕，工匠不仅要对天然材料进行加工，在加工过程中还要改变物质的物理性能和形式，刀法巧妙敏捷。成品线条简洁流畅，神态栩栩如生，极像一只展翅飞翔的鸟的剪影。

总而言之，如果不是专业工匠的精益求精，难以想象在原始文化遗产中竟有如此巧夺天工之物，它们凝聚着中华民族祖先的聪明才智，线条简洁且流畅、神态栩栩如生的形象是我国工匠技艺具有悠久历史的实物见证。此外，工匠在对骨器、象牙、玉石进行切料、细刻、磨光的时候，所表现出来的认真制作、一丝不苟的精神，常常用“如切如磋，如琢

① 袁嘉卉，王珊．会计的工匠精神 [J]. 百科论坛电子杂志，2019（16）：787.

如磨”的佳句来表彰，这种精神不仅是我国古代工匠艺人们的价值追求，更是工匠精神的体现。

（二）崇尚以德为先，德艺双馨

中国文化精神是一种“道德的精神”。以德为先，不仅是我国古代工匠艺人必须遵循的职业准则，更是工匠精神得以产生的价值基础。

在春秋战国时期，以儒家思想为核心的文化开始受到人们的广泛关注，“德为先，重教化”的圣人文化逐渐成为中华民族传统文化的重要内涵。随着生产力的发展和科学技术的进步，社会分工越来越细，职业越来越多，一些特定的职业，不但要求人们具备特定的知识和技能，而且要求人们具备特定的道德观念、道德情感和道德品质。

另外，生产与生活的逐步融合，彰显出了道德特征的精神走向，“正德、利用、厚生”成为古代工匠艺人的职业道德规范。其中，“正德”居于首位，就是要求工匠必须为人正直、端正德行。因此，“崇德尚贤”成了中国工匠精神的伦理标准。对于工匠艺人而言，在“德行”的基础上还需要“技能”。所谓“德艺双馨”，即指工匠艺人，不仅要具备一种道德精神作为内在支撑，还要具备一种精益求精的技术精神。例如，在战国时期，编钟极其精致，可以做到“圈者中规，方者中矩，立者中悬，衡者中水，直者如生焉，继者如附焉”。由此可见，我国古代匠人们的技艺之高超，令人赞叹。

（三）主张心传身授，师徒相承

对于工匠艺人而言，技艺的传承不仅是一种单纯的技术学习，更是一种内在的艺术熏陶和无形的心理契合。随着经济发展水平的提高和社会发展的需要，以血缘关系为标志的代际传承①逐渐走出家庭，种类繁多、形式多样的教育开始成为我国工匠艺人之间的承接体系和传承方式，心传身授，师徒相承的教育模式逐渐成为培养工匠的主要途径。

（四）主张开放包容，敢于创新

工匠精神是对工艺文化的传承与创新，它的核心是一种精神、一种信念或者说一种情怀，是尊重自然、安分守己、尽善尽美、以诚相待的职业操守，是把一件事情、一门手艺当作信仰的追求，是单调、机械、重复工作中的一点点与众不同的想法。例如，对青铜器的修复，古代故宫的东西是有生命的，人在制物的过程中，要把自己的想法融进去，这样才能实现工匠艺人的价值。手工艺作为我国的传统工艺文化，是劳动人民智慧的结晶，是

① 代际传承是指家族企业中两代人之间的企业传递与继承。

宝贵的精神财富，更是中华民族文化的重要体现，对它的传承更有一种历史责任在里面。工匠精神并非墨守成规、因循守旧，它是在传统工艺的基础上不断创造新工艺、新技术的过程。其中不仅包含的是中华民族传统文化的沉淀与融合，更是浮躁社会所缺乏的一种坚定气质与坚守。

二、工匠精神的时代意义

科技时代，工匠似乎远离我们而去。但是，实现中华民族伟大复兴的中国梦，不仅需要大批科学技术专家，同时也需要千千万万的能工巧匠。更为重要的是，作为一种优秀的职业信仰，工匠精神的传承和发展契合了时代发展的需要，具有重要的时代价值与广泛的社会意义。工匠精神的时代意义，具体内容如下。

（一）促进供给侧结构性改革

当前，许多行业低端产能严重过剩，但是中高端产能严重不足，生产与供给无法满足社会日益增长的中高端需求。由于无法在国内买到高质量的产品，大量购买力流向国外。与此同时，国内很多企业却在进行低质低价式的竞争，这既不能充分满足市场需求，更不利于技术创新与行业进步。在这种背景下，我们更需要弘扬工匠精神，以促使企业对质量精心打磨，对品牌精心呵护；职工对工作一丝不苟、精益求精、追求卓越。

（二）加快制造行业转型升级

制造业是国民经济的主体，是立国之本、兴国之器、强国之基。当前，我国制造业大而不强，科技含量不高，发展日渐乏力，结构调整和转型升级的任务越来越紧迫，这就需要大力弘扬工匠精神，通过科技创新与技术创新推进制造业的质量升级、技术升级、产业升级，真正实现从量到质、从速度到效益、从旧动力到新动力的更迭转换。

（三）从物的现代化向人的现代化转变

人的现代化是社会现代化的核心，但是人的现代化总是滞后于物的现代化。“工欲善其事，必先利其器”，但是仅有“利器”，未必能“善事”，如果想要“善事”，关键在于用“利器”的人。现在影响我国社会现代化进程的关键因素，不是物，而是人。因此，这就需要人们弘扬工匠精神，推进人的现代化，培育精益求精、追求卓越、善用“利器”的人。

第三节 工匠精神的当代价值与重要作用

一、工匠精神的当代价值

世界和谐是我们的追求，和谐世界是我们的目的。工匠精神就是这样一种朴实和普世的精神，是值得全世界去弘扬和遵循的一种精神。所以，为了满足人民对美好生活品质的追求和向往，工匠精神的发扬刻不容缓，只有充分利用这种精神，我们才能真正具备体会幸福，创造幸福、享受幸福的能力和资格。

“工匠精神和创新在新时代下被赋予新的内涵和深意”①，工匠精神的重要作用是培育工匠精神的起点，而且从培育条件而言，我国已经具备了培育工匠精神所需要的外在条件和内在基础。因此，在这个我们最接近实现中国梦的历史时期，我们致力于工匠精神的培育与发展绝非拔苗助长，而是在充分考量与分析后所得到的重要结果。工匠精神作为我们的民族精神不仅历史价值丰富，现实价值也极为丰硕。清晰地认识与分析工匠精神的当代价值，不仅有利于深入了解其历史文化意义，更有利于分析现实情况，便于解决现实发展中的需要。

二、工匠精神的重要作用

工匠精神的历史价值和成就是有目共睹的，自然不必多言。当前，聚焦工匠精神的重点在于其当代价值中的核心部分，这部分价值所展现的不仅是时代的精神风貌，更是时代所急需的良好品质，只有明确工匠精神的当代价值才能有的放矢地解决现在所遭受的精神之疾。工匠精神的重要作用如下：

（一）锻造国民的品格

所谓国民性即国民性格，是指现代国家范围内共同居住的大多数成员在长期历史生活中所形成的普遍的、独特的和相对稳定的文化、社会心理、行为方式特征及其时代变动规律和特点的总和。国民性格是国民整体素质的反映，是国家发展程度的体现，更是国家历史文化的积淀，换言之，国民的品格与国家的精神文明程度密切相关。但是，国民性格的

① 黄慧化 . 工匠精神与创新 [J]. 合作经济与科技，2017（13）：156.

培养却是一件长期而艰巨的工程，并非一朝一夕可以完善，同时，它也必须要满足最广大人民的根本利益和需求，从思想的最深层引导人民去接受和认可这种性格特征，这样才能符合大众的情感和心理，达到事半功倍的效果，否则，只能引起大众的反感，无法形成广泛的认同，不能达到塑造国民性格的要求。

工匠精神恰好就是符合人民需求的具有高度共识的精神，能满足人民对美好生活的向往，十分契合国家和时代新时期发展的需要，是与时俱进、求真务实的精神。此外，工匠精神是民族文化的缩影，是民族素养的核心组成内容。因此，对于培植公民素质而言，提升国民思想道德水准，塑造和培育文化自信都具有关键的作用。

当代工匠精神最显著的体现是在职业道德素质方面。职业操守对于工匠而言是最基本的素质以及约束，这恰恰就是“道德的力量”。当代从业者存在一定的问题，导致行业出现乱象。因此，既然工匠精神的基本内容是职业精神，那么要弘扬工匠精神，也就必须从培育职业道德开始，全面提升从业人员的道德意识和职业水平，从基本认知上让从业者与低品质、低素质彻底划清界限，使每个人道德和思想都回归正轨。

中国之所以被世界所熟知和尊重，源自中国制品的高质素。制品的高质素这种赞誉根源于工匠们永不止步的追求和坚如磐石的坚守。就如同今天的德国工匠一样，曾经的中国工匠也是如此，甚至是有过之而无不及，工匠精神被发扬光大，不仅是因为工匠视工匠精神如生命般的坚持所致，更是源于其全国上下都将工匠精神视为民族精神的缘故。因此，对于中国而言，工匠精神不能单纯被定义为职业精神，它是我国的文化精神，是长久以来存活在我们血脉中的国民精神，更是我们锻造国民性、治愈国民疾病，恢复文化自信的方法。

（二）助力民族的伟大复兴

其实工匠精神之于中国人而言并不陌生，它是镌刻在我们思想中的最深沉的记忆，它铸就了中国辉煌的文明历史，每一笔浓墨重彩的记录都凝结着每一时代工匠的集体汗水和心智。工匠伴随和见证着中国的百业兴旺和辉煌纪录，工匠凭借着高超的技艺和卓越的品格，在岁月中挥洒着自己的热忱，将自己的身与心，才与智，神与性无所保留地投入其作品之中，用自己的生命和辛劳为后人留下不胜枚举的惊世佳作。但是，对于我们而言，不仅这些旷世奇作是我们的瑰宝，这些工匠所遗留的精神，对于我们的民族而言，更可以称为至宝，乃至是我们整个华夏民族的无上荣光。

今天的中国依然肩负着复兴中华文明的伟大历史使命，伟大精神勾勒伟大梦想，伟大精神助力伟大梦想，伟大梦想的实现离不开伟大精神的推动，失去了伟大精神的梦想将失去其灵魂，也就失去了其伟大之处。工匠精神对于我们此时的伟大梦想而言，就是这样一种伟大的精神，是国之利刃，强国之器。所谓大国发展，无工不强。一国之“工”，从宏观而言，可以指工业；从微观而言，可以指工人；从政治角度而言，可以指工人阶级；从经济角度而言，可以指工业现代化。由此可见，从不同的角度切入，对“工”的理解都会有所不同，时代在改变，我们的思想也在经历着全新的解放，面对复兴中国梦的关键时期，我们理所当然要从新的视角和现实去领会“工”的含义。所以，从文化的角度和中国发展的现实国情来看，如今这个“工”还要在其他基础之上，加上一重工匠精神的文化内涵。

工匠精神的提出虽然针对的是当前中国制造业的发展现状，但如果只是把工匠精神停留在塑造产业技术工人的层面就太过不当，严重浪费了资源。工匠文化是中华传统文化的重要组成部分，工匠精神不只是工匠文化的精髓，更是中国传统文化的精要，工匠和工匠精神成就了中国的名誉，树立起中国“质”造的“铁板”。所以，今天的中国要实现新的发展，就要有新的理念，这种新理念的提出不仅是我们对现实形势的考量，更是我们对自身的深刻反省，以及对自身文化观念的再挖掘。离开自身文化的认知，中国的发展理念就如同无根之水，无本之木，难以存活。

总而言之，文化的复兴和回归既是实现中国梦的内在要求，也是实现中国梦的着力点。面对工匠精神我们不能只把它当作精神文化遗产加以珍惜，更应该把它当作发展的时代精神加以弘扬，使工匠精神不仅要成为各行各业的实践参照，更要成为全社会的道德风尚，将工匠精神作为我们生产和生活最基本的态度准则，让它重新激活整个社会的工匠基因，让每个人都全力以赴地为了社会主义事业和人民幸福奋斗拼搏，助力中华文明的再度璀璨。

（三）提升人民的生活质量

供给侧结构性改革的根本目的是提高社会生产力水平，落实好以人民为中心的发展思想。国家要从生产领域加强优质供给，减少无效供给，扩大有效供给，提高供给结构适应性和灵活性，提高全要素生产率，使供给体系更好适应需求结构变化。没有强大的制造业，就没有国家和民族的强盛，打造具有国际竞争力的制造业，是我国提升综合国力、保障国家安全、建设世界强国的必由之路。随着改革的纵深性发展，我国社会基本矛盾的改变，中国社会的转型和产业的升级也有了新的目标和要求。强国重工，民智国强，我们不仅要中国“质”造，同时也要中国“智”造，我们不仅需要技术含量和创造力的提升，更需要着产品质量和人民智慧的进化。

第一，就产品方面而言，有些产品确实存在产能过剩的问题，但相当一部分的产品却是因为质量问题而苦无出路，举步维艰。在众多原因的背后，工匠精神的缺失，就是造成当前困境的根本原因。制造业是构成现代经济的主体，如果想要打造一流的产业链，打开高端市场的大门，抵制低端产品的冲击，我国制造业必须以强质为先，树立追求卓越、质量第一的工匠精神，实现中国产品向中国品牌的转变，完成打造制造强国的战略任务。

第二，就民智方面而言，产品质量的提升只能满足人民的物质需要，人民生活水平的提高还包括精神方面的供给。因此，当前比制造业更需要强化的其实是国人的精神，而工匠精神就是国人现在所亟须的精神之钙。人类社会的发展要求以人为本，仅有物质生活的质量提升，人不能成为完整意义上的人，也不能实现人类自由而全面的发展，工匠精神的补充能充分挖掘人的目的，使我们在进步中与社会达到和谐的统一，使我们能把劳动真正当作生活的必需和乐趣，使我们的内心能真正心怀天下。

（四）引领大众创业万众创新

中国的“双创”政策被认为是（创客运动）在走过 1.0 的“启蒙”和 2.0 的“创业”阶段后的 3.0 的“全民创客”时代。创客运动将进入互联网各传统产业，“双创”发展理念是我国顺应时代发展潮流提出的全新发展战略，是推动我国经济改革和产业升级的重要举措，是推动“中国制造 2025”“互联网 +”等一系列创新驱动战略落实的重要手段，更是保质保量进行创新型国家转型和建设的重要表达和实现途径。“双创”战略是我国实现伟大梦想而开拓的伟大事业，是由众多的工程共同构建的伟大蓝图，是需要我们长期坚持不断耕耘的长期事业。

新的发展战略需要新的发展理念，新的发展理念需要新的精神，“双创”的创新发展理念自然离不开创新精神的驱动。但是，对于“双创”发展战略而言，只有创新精神的指引是不够的，创新不只是创意的灵光一现，它同样需要长久的积累和打磨才能真正转化为经济增长的亮点。没有“厚积”难以实现“薄发”，有了积淀还需要灵感的点燃，所以只有创新精神和创新理念对于创业而言是远远不够的。创新也需要有持之以恒的坚持和不忘初心的平常之心，这也正是工匠精神的内涵之所在。

古往今来，工匠精神一直都在改变着世界。热衷于技术与发明创造的工匠精神，是每个国家活力的源泉。工匠精神是“双创”战略的骨架，为“双创”战略提供有力的支撑，时代在发展，工匠也在进化，特别是在“全民创客”的时代，每个人都是工匠，每个人都是创造者，创新精神自然已经演变为当代工匠最核心的精神内涵之一。创新精神有了工匠精神的参与，就多了那份执着、坚持、严谨和从容，工匠精神有了创新精神的融入，就多了那份灵动、新奇、时尚和生机。

总而言之，“双创”政策需要当代工匠精神的指引，在众创背景下，工匠的本位精神和超越精神实现了完美的结合，工匠精神将进行一次科普的教育，大众也将受到一次新的洗礼，更重要的是工匠精神的指引能够有效矫正在我国政策落实过程中常见的非理性、运动式的行为，从而进一步达到促进新常态下经济跨越式创新发展，传统经济提质增效和转型升级的战略目标。

（五）积累储存企业的无形资产

市场经济是法治经济，也应该是道德经济。企业作为市场经济的主体，更应该坚持发展“道德经济”的理念。中国的市场经济发展至今依然是不够完善的市场经济，中国的“市场精神”仍然受到指责和质疑，中国的经济要想冲破高端经济的重围，低端经济的分流，就不能再承受经济发展的隐痛，即道德的滑坡。工匠精神作为最新的道德尺度和精神风貌，在引导全社会道德风向和促进经济健康运行方面起着重要作用。

经济的健康运行离不开人们永不止步的拼搏精神；离不开人们持之以恒的创新精神；离不开人们时刻铭记的契约精神；离不开人们一丝不苟的责任意识。总而言之，经济的健康运行离不开这些高尚的品质。虽然法律在经济运行中也发挥着作用，但道德层面的力量也不容忽视，换言之，它们是在不同机理和层次上发挥作用。法律其实更倾向于强制手段，是一种硬性的调节手段，这种硬性手段与精神层面这种软性手段所引起的效果和心理变化是截然不同的。

道德的基础是人类精神的自律。由此可见，道德通过对人类自律意识的启蒙，而引起的对道德主体的自我规范效果是不逊于法律的，正所谓法律是明显的道德，道德是隐藏的法律。工匠精神就是对这些道德准则、道德意识的高度概括，工匠精神完全可以直接作用于经济主体，促使他们形成正确的价值追求和行为准则，以实现对资源的优化配置。

另外，工匠精神还契合市场趋利性的特征，能满足市场主体压缩成本的要求。经济活动的参与者，无一例外都要付出交易费用，交易费用就是指处理人与人之间交易关系所需要的成本，包括交易信息的获取费用，交易中的谈判费用，协调费用，以及和约的签订、实施和监督所需要的费用等。尤其随着经济的发展，社会分工越来越细化和专业化，给交易双方带来的交易成本也越来越高，交易当中的不确定性因素也越来越高，为了有效降低交易成本，交易双方只有增加彼此的信任度，强化彼此的人格可靠性，才有可能降低交易费用，增加彼此的经济收益。

在互利互惠的过程中，工匠精神能起到关键作用，它能使人们暂时让渡功利心，遏制不道德的各种负面思想，以保证交易的顺利完成，这样内在的思想意识强化作用是其他约束手段难以达到的高度。因此，工匠精神才更显得难能可贵，而且最重要的是在现代经济社会中精神品质已经转型为一种无形资产，具备了创造价值的能力，甚至无形资产所带来的商业机遇和商业附加值要远胜于有形资产。例如，良好的企业信誉，优质的产品服务，优秀的职业素养，高质量的职业素养这些都是企业的无形资产和竞争资源。工匠精神具有强大的打造和积蓄无形资产的能力，这种能力小到影响一个企业的发展，大到影响一个国家的国际形象，关乎一国在国际竞争中的地位，所以在新一轮经济较量和软实力的竞争中，我们要大力培育工匠精神以保证我们竞争资格和优势。

第二章 工匠精神重塑与文化厚植

第一节 工匠精神重塑的可能性分析

“工匠精神自古以来就是一个国家手工业和制造业的强大精神支撑，也是国家发展战略中的重要议题”①，如今这个时代每天都在变化，不断形成新的生活方式和消费理念，对于企业而言，只有专注勤奋的精神和充满想象力的脑洞，才能帮助企业到达成功的彼岸。众所周知，调味品“老干妈”是著名的老品牌，拥有良好的口碑和市场，老干妈刚在京东上线时，不到一个月就卖出了 8 万瓶，通过两个小时的直播，这个普通调味品的销售量就高达 3 万瓶。

想象力可以带领人们去到不可能的远方。移动互联网技术不断发展，万物互联基础的设施也处在不断变化中。例如，柯达刚刚发明出来的时候，大家都会担心这种技术会损伤艺术，但是，如今的市场上已经看不到柯达的踪影。数据已经变成了一种重要的资源，如果一个品牌没有连接性，不能让大众转发、点赞、评论和分享，就很难成为一种持久的品牌。

陈文胜先生是共济科技（深圳市共济科技股份有限公司，简称共济科技）创始人，在人们心中，共济科技代表的是一种比云端还要云端的思维，共济科技创企图改变人们的生活方式。由此可见，新的文化形态正在慢慢形成，每个新物种的背后都有一个强大的代表企业，这反映的是一种新的商业模式和企业魅力，彰显出企业新的组织管理方式、新的产品形态和更新的科技。猫王音响创始人曾德钧曾尝试让收音机和播客产生化学反应，也确实收获了良好的效果，将这些新元素结合，创造出新的产品形态，从而受到大众的青睐，猫王收音机被誉为一个人的音乐会，会带领收听者进入各种各样的场景。

无论是怎样的行业，怎样的领域，在谈到未来部署时，都拥有相似的逻辑，所有的企

① 唐鑛，卢衍江，刘华. 世界各国工匠精神的比较研究及对我国工匠精神重塑的启示 [J]. 山东工会论坛，2022，28（6）：35.

业都希望技术能越来越贴近人们的生活，也希望产业的成本能更加低廉，更加高效，而产品的附加价值更多。例如，猫王收音机不仅为人们打开了新的生活方式，也让大家领悟到工匠精神人格的魅力；斐耳耳机不仅仅是一款蓝牙耳机，更彰显了人们对新生活方式的探索和对个性化产品的需求；在谈到骑达科技时，用户除了关心它的人工智能设备和连接，更关心它有没有出现哪些新的变化，如更加便捷或操作更加简单等。

滴滴、易道、神州等为客户选择了不同的出行方式。自行车不仅是简单的出行工具，更通过精准的算法和高超的技术，对人们的生活方式产生了巨大的影响。由此可见，企业只有想办法创造未来，才能收获良好的效果，解决产品的痛点固然能帮企业获得效益，但是只有对人们的生活方式进行认真观察，在此基础上对产品进行创造，这样才能收获一个新品类的红利。

新物种不能只是用来代表医疗革命、虚拟现实和新能源这些东西，换言之，这些东西只跟少数的人或少数企业有关，甚至为这个世界新的产业革命指明了方向，但是这并不代表大多数人。无论是智能手表，可穿戴设备，还是智能手环等产品，都是运用技术的手段，把人们所不了解的概念转化为实质性的产品，又通过市场环境和互联网语境得以传播。相比于“不明觉厉”的技术，人们更需要深入的感知。对于企业而言，技术并不是成为新物种的核心，企业要真正理解时代内容，把握用户需求，理解消费精神，掌握互联网意识，把晦涩难懂的概念、语言、技术等通过一定的手段转化为大家能够接受的产品。而应对世界的千变万化，工匠精神永不过时。

第二节　工匠精神重塑的重要途径探索

一、了解工匠式的生产模式

（一）工匠式的生产模式在古代十分流行

例如，“斗拱”是中国古代木构建筑中最重要的结构，一个标准“棋”的高度为一“材”。所谓的“不成材”，即一个人连做“棋”的资格都没有，更不要提做栋梁了。北宋主管皇家工匠的将作监李诫在《营造法式》里详细描述了这种建筑构件模数系统。最小的单位为“分”，1 材为 15 分，1 足材为 21 分。一个标准棋宽 1 分，高 15 分。棋之上有架，高 6 分，宽 4 分。棋和架加起来的高度为 21 分。对材料和零部件尺寸的分类、分级与标准化，使工匠们在动工之前就能列出一份详细而准确的用料表。此外，工匠们对工作量也有明确规定，如从日出到日落为1功，换言之，一个标准工匠需要花费1个工作日来完成工作。

（二）工匠式的生产模式在现代仍然适用

现代企业可以通过标准化的生产流程，确定每一件产品需要多少原料和成本，然后按照规定的模式生产产品，这样可以让企业更高效地运转。例如，一个建筑界的奇迹——辽代应县木塔，这座塔建于1056年，是我国现存最古老的木塔，距今已近千年，依然屹立不倒。这座塔上没有一根特别珍稀的木材，全部都是普通的木材。建造这座塔的工匠们将普通的木材分解成不同的零部件，然后按照一定的规律组合在一起，制作出来异常坚固，是建筑界的奇迹。

（三）工匠式的生产模式在国外产生影响

中国工匠的智慧不仅影响了一代又一代的中国人，还影响了外国友人。英国工业革命时期，涌现出很多优秀的商业家。

例如，乔赛亚·韦奇伍德一开始只是一个小陶工，并没有获得英国社会的关注，但是，他不断地经营完善自己的小企业，最终建立了高档瓷器的商业帝国，获得了社会的尊重。乔赛亚·韦奇伍德的成功并不是偶然的，一开始，他致力于提升陶瓷的外在品质，制作出来一批精巧的瓷器，深受皇室青睐。后来，乔赛亚·韦奇伍德不满足于只改变陶瓷的外观，他又开始探索新的技术，希望制作出独一无二的陶瓷作品，经过数年的努力，乔赛亚·韦奇伍德生产出独一无二的碧玉陶瓷。俄国女皇听说了乔赛亚·韦奇伍德高超的制作陶瓷的技术，还专门订购了一套白色的餐具，上面画着精致的英国风景图。乔赛亚·韦奇伍德的陶瓷逐渐走向上流社会，成为一种身份的象征。

乔赛亚·韦奇伍德的成功恰与我们国家伟大的工匠智慧有关。中国景德镇制造瓷器的技艺非常高超，并且已经形成了一套完整的体系。乔赛亚·韦奇伍德偶然读到中国景德镇制作陶瓷的技艺，惊奇地发现原来制作陶瓷的工序如此多，每一道工序都可以分解开来，让不同的人去完成。乔赛亚·韦奇伍德由此建立了欧洲第一条生产陶瓷的专业生产线，并且仿照中国景德镇陶瓷的式样，绘制出了一套精美的纹路。凭借着从中国匠人处学到的智慧，乔赛亚·韦奇伍德生产的陶瓷获得了巨大的成功，成为欧洲市场的领军人物。

又如，欧洲人非常喜欢喝咖啡，他们喜欢一边喝咖啡一边聊天，往往一坐就是好几个小时。传统的咖啡椅坐久了会让人觉得很累，米歇尔·托纳发现了其中的商机，生产出了一种贴合人体线条的咖啡椅，这把椅子上市后就被抢空了。米歇尔·托纳生产的咖啡椅获得了巨大的成功，不仅仅缘于它优质的质量，还与它简单的生产运输模式有关。优质的产品不仅要俘获消费者的心，还需要便于生产与运输，只有这样才能占领市场。

总而言之，中国传统的工匠智慧，对与生产过程中的成本一直有严密的规定。每一次新的技术革新都需要几代人付出心血，只有这样，人类才能向更好的方向前进。没有人可以依靠个体的力量获得成功，只有团结起来，形成强大的凝聚力，才有可能获得最终的胜利，工匠精神作为一种集体的精神，同样如此。

二、了解“工匠”与“工匠体系”

（一）“工匠”是组织化的职业

秦始皇兵马俑是中国人民伟大的智慧结晶，其是陕西的一位农民无意间发现了一块陶片，考古学家认定这些陶片背后肯定有更大的发现。考古队经过几十年的探索，终于在地底下发现了伟大的兵马俑工程。兵马俑出土以后震惊了世界，中国的兵马俑和古希腊的雕塑同样伟大。当然，在多数艺术家的认知里，中国的兵马俑全部是一模一样的复制品，而希腊的雕塑都是独一无二的。实际上，古希腊时期的雕塑家们雕刻出来的雕塑，都是名垂千古的艺术珍品，但是中国的兵马俑大多数是按照一个统一的流程组合出来的，与希腊的雕塑还存在一定的差距。

中国古代工匠有严格的分工和等级划分。一名“工师”大概指导 1 名工匠。有的负责制坯，有的负责彩绘，有的负责组装，然后他们在成品上署上自己的名字，这样是为了方便质量控制和追责而不是为了留名。古代欧洲也非常重视工匠教育。随着时代的发展，很多古代的工匠学校已经消失了，但是传统的工匠教育模式并没有消失。圣地包豪斯学校就遵循着古今融合的办学理念，将古时候的工匠教育理念与现代技术相结合。圣地包豪斯学校不同于传统的学校，它将不同的学生分在不同的工作坊里。每一个工作坊都配有完善的基础设施，学生可以按照规定使用这些设备。圣地包豪斯学校非常重视学生的动手能力。

一般情况下，每年开学，圣地包豪斯学校的教师，他们都会布置一些最新的工作任务，然后将班里的学生分成不同的团队。每一个团队领取的任务都不同，团队与团队之间还可以展开竞争与合作关系。圣地包豪斯学校的这种教学模式非常好，既能让学生感受传统的工匠魅力，还能拉近彼此的距离，形成良好的学习氛围。学期结束以后，教师会根据学生的表现给出相应的评分。只有将传统和现代结合起来，才能形成科学的教育模式。

欧洲的设计学科的教学模式和普通的学科不同，在他们的认知中，设计学不是一门单独的学科，如果依靠单一的知识构建是无法完成学业的。设计学科的实践性非常强，如果没有强大的动手能力，仅仅依靠书本上的理论知识无法设计出好的作品。欧洲一些学校的设计系会将教室改造成古代工作坊的样子，这也可以帮助学生找到设计的感觉。教师与学生的关系非常亲密，相当于古代的师徒关系。学生入学以后就要学习大量的知识，然后在实践的过程中不断吸收、完善这些知识。学生到了高年级的时候，就可以帮助老师教低年级的学生学习了，这样一种良性的学习关系才能保障这门学科发展得越来越好。

由此可见，工匠其实就是一种特殊的职业，而我们口中的工匠精神可以与职业精神等同。实际上，雇工和工匠的区别还是非常大的。工匠一般是有组织、有纪律的，而雇工一般是比较闲散的。例如，一家新开业的设计公司接了一个景观设计的单子，因为是新的公司，还不太了解市场行情，于是给出了一个极低的报价。没想到对方的老板听到这么低的报价还是觉得很不满意。从这个故事中，得知专业的设计团队就是工匠，而临时工就是雇工。在国内大多数的认知中，设计这个行业谁做都可以，设计没有门槛，如果政府想修建一栋政府大楼，却舍不得请工匠，而请来雇工，结果设计出来的东西可想而知效果会不尽如人意。长此以往，工匠们都不能正常生存了，还何谈精神。

近年来，我们国家也开始重新重视工匠精神。尤其互联网迅速发展，工匠精神也获得了广泛的传播。真正的工匠精神应该落实到行动中，工匠精神也不单单是个人努力的结果，而是一个团队共同努力的结果。例如，日本非常火爆的寿司之神，我们看到的仅仅是小野二郎一个人的身影，但是，实际上，他的身后还有一支庞大的队伍。小野二郎经营的寿司店完美地体现了现代工匠精神。尽管众多媒体将焦点集中在小野二郎一个人身上，但是，我们应该要挖掘出背后的力量。一位九十多岁的老人制定了一套严密的制作寿司的工序，然后将这一套工序一代一代流传下去。

总而言之，要想经营这样一家好口碑的店铺，需要技艺精湛的店长，也需要勤奋好学的学徒，还需要很多后勤人员的帮助。如果只有一个小野二郎的话，哪怕他制造寿司的技艺高超，也无法达到如今的高度。目前，市场上多数成熟的企业都离不开团队的策划与支持。因此，我们现在提到的工匠不仅仅是一个简单的手艺人，更多的是一个强大的集体。而工匠精神的内涵就是集体主义。

（二）“工匠”传承与创新责任

“教师教育发扬工匠精神即是传统亦是社会改革的必须”[①]。工匠的重要特性就是组织化和职业化。组织化和职业化的维持，需要依靠一代又一代工匠进行创新和传承。传承与创新，这已经不是一个新鲜的观点了，工匠精神要想在现代社会发扬光大，必须要扎根于传统与创新这块肥沃的土地中。欧洲国家的迅速崛起离不开工业革命。在工业革命爆发

① 马淑红，谷玉芬，何美萱．大学教师“工匠精神”的重塑[J]. 山西青年，2018（10）：14.

的过程中，大部分欧洲人都没有完全舍弃旧时的制作工艺，而是将这些工艺进行改造，大部分的工艺都做到了传统与现代完美融合，这样才能换来欧洲的繁荣。

例如，德国包豪斯国立建筑学校的建立就体现了传承与创新相融合的特点。包豪斯国立建筑学校的创始人，其在创办这所学校的时候就确定了目标：一定要培养出优秀的现代设计人才。在包豪斯国立建筑学校就读的学生都要接受一套完整的训练体系。新生首先要接触到的是基础教育，其次学校会根据新生的表现将他们分到不同的地方进行实习。实习阶段要经历三年，在这期间，新生可以接触到各种不同的工艺类型，他们还要接受严峻的考验。实习结束后，通过考验的学生就可以获得一张能力证明书，最后就可以出去寻找工作了。当然，有的学生不满足于这张能力证明书，还可以继续接受高等教育，经过考察，成绩优异的话就可以获得包豪斯国立建筑学校的文凭。

人们可以从包豪斯国立建筑学校的办学历史中，吸取一些有用的经验。工匠精神不能变成一句口号，要实打实地落实下去，只有这样才能让技艺得到更好的传承。例如，优良的师徒关系就值得我们一直传承下去，尤其是在功利化的社会中，纯粹的关系更容易制作出好的产品。“工匠体系”是振兴中国制造业、中国设计乃至现代中华文化的关键。它除了包括前面说到的科学组织、认真创造、精明经营等，更重要的是要有保障，即有一个保护“工匠”，保护“创意”，保护“创造”的机制，换言之，就是保护知识产权的法制基础。

（三）“工匠体系”是国之重器

意大利是一个设计大国，拥有很多家引领时代潮流的大公司。同时，意大利也是一个重视知识产权的国家。意大利的专利商标保护局曾专门在同济大学举办了一场关于知识产权保护的展览会，引起了很多人的思考。意大利举办了这场博览会以后，让国人明白了很多风靡全球的作品都是有版权的，不可以随便盗用。意大利的成功离不开对知识产权的保护，只有保护每一位设计师的心血，才能出现更好的作品。

意大利除了重视设计师的知识产权，还非常重视设计师的酬劳，意大利的设计师工资很高。设计师如果推出了一项新的发明或者是一样新的设计，就可以在法律规定的年限里获得丰厚的酬劳。由此可见，只有重视对知识产权的保护，设计者才能设计出更多优秀的作品。工匠精神的发展也离不开法律的支持。当社会开始重视知识的力量，尊重知识的创造者，并且用法律来维护知识创造者的权益时，我们期盼已久的工匠精神才会真正出现。

三、利用工匠精神唤醒职业意识

“中国制造”曾是每个中国人都引以为豪的标签，也是我们中国享誉世界的名片。随着社会高新技术的发展，标准化、机械化大生产也越来越普遍地应用于制造业，但是，机器并不能完全替代人。从中国制造到优质制造的升级，需要的不仅是科学技术的更新，更需要一大批能够坚守传统技艺，钻研高新技术的“大国工匠”。

职业意识就是人们对于职业的各种看法的总和。职业意识在人的成长过程中起着非常重要的作用。无论是个人职业素养的形成，个人品德的发展，还是个人职业生涯的规划都与一个人的职业意识有关。正确看待职业意识。我们可以从这两方面着手：首先，从心理层面着手。职业在心理层面上强调的是个体的意识，包括个体对自身从事职业的看法、态度，也包括个体在从事职业的过程中出现的竞争合作意识、创新创业意识还有追求效益的意识等。其次，可以从社会层面上来看职业意识。从社会层面上看，职业意识已经脱离了个人的层面上升了到了社会的层面，成为全社会普遍认可的意识。社会层面的职业意识包括爱岗敬业、奉献社会、服务群众等。职业意识的觉醒与升华就是大国工匠的本质精神。

例如，《大国工匠》这档节目一推出，就受到了全社会的关注。“大国工匠”系列主要由劳动者的事迹组成，这些劳动者用自己的双手，创造出了属于中国的职业奇迹。

第一，胡双钱。胡双钱将自己的一生奉献给了中国的航天事业，虽然他只是一名普通的工人，但是，他在制造大飞机的团队中拥有重要的地位。胡双钱主要负责处理加工飞机上的零部件，别看这些零部件非常小，每一个零件都需要耗费大量的人力与物力才能制成。胡双钱需要钻出 36 个大小不一致的孔，这些孔的精度必须要达到 0.24 毫米。面对严峻的挑战，胡双钱只借助一台简单的机器和自己灵巧的双手，在短短一个小时内，顺利地完成了任务，他证明了自己是一名优秀的飞机制造高级技师。

第二，高凤林。高凤林被誉为中国火箭“心脏”的焊接人，多年来，他只做一件事，那就是认真、仔细地焊接火箭发动机的喷管。尽管他是中国航天科技集团第一研究院 211 工厂的发动机车间的组长，但是，他仍然奋斗在一线岗位上。曾经有人请高凤林到北京工作，承诺给他两套住房还有高额的薪水，但是，这些条件都没有打动他，他只希望为中国的火箭事业做出一点小小贡献。高凤林焊接发动机的火箭已经顺利升空，中国已经成了航天强国，在高凤林的认知中，他的人生价值已经实现。

第三，孟剑锋。孟剑锋是我们国家的錾刻大师，他制作的纯银丝巾果盘作为国礼，让全世界都为之倾倒。孟剑锋之所以可以纯熟地掌握錾刻工艺，与他坚忍的意志和追求极致的决心分不开。孟剑锋的手上都是厚厚的老茧和水泡的疤痕，只有吃得了这样的苦，才能制作出令世人惊艳的杰作。

第四，张冬伟。张冬伟是一名在 LNG 船[①] 上制作钢板的焊工。

第五，宁允展是一名普普通通的高铁研磨师。

第六，顾秋亮是“两丝钳工”。

第七，周东红是有名的捞纸大师。

第八，管延安是港珠澳大桥上一名普通的钳工。

以上这些劳动者都在自己的工作岗位上奋斗了几年、十几年甚至是几十年，他们都代表了中国制造的水平。这些劳动者彰显的是大国工匠的风范，他们朴实、敬业，他们在自己的工作岗位上脚踏实地工作，他们是自己行业中的完美主义者。“大国工匠”系列受到了国人的欢迎，因为我们在这些劳动者身上看到了中华民族特有的精神品质，我们也看到了只有在工作中精益求精的人才有可能获得成功。透过《大国工匠》这个节目，我们应该思考工匠精神未来的发展趋势。因此，如果要想成为一名顶尖的劳动者，就一定要拥有崇高的职业意识。

首先，国家应该营造一种良好的社会风气。国家应该提倡爱岗敬业、精益求精、恪尽职守的职业精神，让大国工匠精神成为人们的导向。只有社会风气变了，人的心才会跟着改变，当每一位劳动者都能树立起正确的职业意识时，中国制造的春天就到来了。《大国工匠》中优秀的劳动者应该成为我们的榜样，国家不仅要重视工匠的榜样作用，还要提高工匠的地位，只有这样才能打造出良好的社会风气。

其次，国家要重视传统，加大对传统工艺的扶持力度，同时，也要注意传统与现代相结合。国家要鼓励民族实业发展，可以出台适当的优惠政策，让民族企业和国有企业都可以得到良好的发展。只有在宽松的环境下，才能出现优秀的工匠。国家为了扶持中小企业的发展，还提出了一些优惠政策，中国的制造业应该抓住这个时机，展现风采。

最后，国家要重视职业技术教育，同时，还要努力完善教育体系。国家应该要加大学校和企业的合作力度，培养出更多的技术型人才。学校的教育水平也有待提高，学校的教师不应该脱离实际、照本宣科，应该到企业中了解最新的技术，只有这样才能为学生带来有效的资讯。同时，学校也不应该放松对学生道德品质的培养，要让工匠精神进入学生的思想，要让学生形成良好的职业意识。

总而言之，工匠精神是大国工匠百炼成钢的信念，拥有工匠精神是广大劳动者不断追求的永恒目标，传递工匠精神是时代赋予我们的光荣使命。让更多的劳动者获得职业意识

① LNG 船就是运输液化天然气的大型船只，它具备强大的维护系统，能够确保天然气处于零下 163℃的液体状态以维持运输，而且完全密闭不泄露。

的觉醒和升华，将更多的劳动者培养成为“大国工匠”的接班人，发展中国教育，振兴中国制造业，为实现民族复兴的中国梦，教育工作者正在其中贡献着一分力量。

第三节　工匠精神的回归及其文化厚植

一、工匠精神的回归

（一）工匠精神个人层面的回归

工匠，精雕细琢、追求完美、挑战自我。从这个角度看，工匠精神的回归首先关乎工匠自我的追求。当我们在获取、使用、欣赏一件产品的时候，我们和工匠通过他们的产品获得了连接。我们看到的产品背后，浸透着工匠们心无旁骛的投入以及坚如磐石的稳定。工匠们在创作时，不仅需要承受寂寥，还需要在这种寂寥中耐着性子，不断打磨自己的技艺。在这个喧嚣的年代，这种精神显得尤为可贵。

1. 深耕价值创造

对于工匠而言，执着于工匠精神，是一种扎根价值创造，钻研作品细节的意愿，这种意愿可以来自钻研过程的成就感，可以来自传承使命的责任感，还可以来自获得长期收益的欣慰感。钻研生产制造的过程，本身就能够带给钻研者无尽的成就感。

通过每一次对材料的雕琢和修饰，工匠为这个世界创造了一个个优秀的作品。通过每一次听取用户的意见并修正设计和产品，他们为社会提供了更多人性的关怀。通过每一次思索和调整生产流程，节约了宝贵的资源和能源。在旁人看来，这些时刻似乎无足轻重，但对工匠而言，这些是他们生命中闪光的时刻，带给他们成就感和乐趣。

例如，在哈佛大学的心理学家奥尔德弗的认知中，除了维持生存和建立人际关系，人类不可或缺的一种根本需求就是获得成就感的需求。人们愿意谋求改变环境，获得成长，从而获得自我价值的实现。秉承工匠精神的意愿也可以来源于对于传统和对自身责任的尊重。产品制造者的一丝不苟和坚持不懈不仅仅是他个人的行为，更是一种香火延绵，几代人共同的追求。中国的瓷器、造纸、篆刻、建筑，不一而足，都是师傅传承给徒弟整个制造的过程。就像在很多文艺作品中展示的那样，徒弟在拜师学艺之时，必须要向祖师爷画像和授业恩师行叩拜大礼。这一仪式能让尚未学艺的徒弟明白自己肩上的责任和使命。师傅的活动是“传道授业解惑”，“传道”是要义所在，徒弟心中存“道”，再从事具体的技术制造过程时，便带着几代长辈的叮嘱和期盼，自然会更加卖力。

例如，在纪录片《舌尖上的中国》里，陕西的张世新老人十五岁时从自己的父辈那里习得了制作空心挂面的技艺，做了一辈子挂面。张世新会仔细地筛选制作的时间，1 次和 35 千克的白面，进行 3 次发酵，并在随后完成一系列极为复杂的流程，并没有人监督他的每个生产步骤，靠的全是他自身的责任感。纪录片把他的手艺解释为"心传"，是流淌在血脉里的勤劳与坚守。现在的张世新老人已经人到暮年，走动不便，他的儿子张建伟接过他的衣钵，继续把这份手工生产挂面的责任传承下去。耳濡目染，子孙们也明白长辈的心意，反复练习，日积月累，必有所成。

扎根价值创造，钻研作品细节的意愿还来自从在更长的时期获得收益的欣慰感。那些愿意沉下心来，执着乃至于固执地追求产品品质的制作者，几乎不可避免地损失生产的速度，他们需要将每个细节做到准确，花更多的时间和精力检查产品，更频繁地聆听使用者的反馈，更多地思考怎样改进用户体验。相同时间内，坚持工匠精神的工匠们很有可能生产更少但也更好的产品。

如果市场上的顾客没办法当即区分产品的好坏，在短期内，他们会损失一定的财务收入。他们的心态可能会有波动，特别是看到有些同行采取投机取巧的办法快速博取财富，能够支持工匠们继续坚持不懈的一个重要原因是他们对于长期回报的预期。长此以往，用户能够更准确地判断产品的质量，更加青睐工匠精神驱动下制造的产品，其所代表的品牌和声誉能够不断地积累，最终带来长期稳定的经济回报。因此，钻研制造技术过程中获得的成就感，传承工匠传统的历史使命感，和获得长期收益的欣慰感，可以共同促成工匠精神价值观的形成。拥有这种价值观的制造者有强烈的意愿成为一名好工匠。

2. 提升工匠技术

除了拥有意愿，对于工匠而言，执着于工匠精神同样需要不断提高自身技术能力，从而能够制造出更完美的产品，这对工匠提出了三个技术层面的基本要求：精雕细琢的习惯、了解用户需求的能力、学习与创新的能力。

（1）对于产品的精雕细琢和不断改进，既是一种意愿问题，又是一种能力问题。

第一，如果没有形成良好的工作习惯，空有一腔热情，也难以把工匠精神落到实处。例如，一位优秀的厨师，会在烹饪之前，把所有的原材料准备好，并且有规律地码放。这样，在烹饪之时，就可以像事先编好的程序一样，把所有步骤有效率地完成。又如，一位优秀的实验物理学家会在一天工作的开始阶段预热所要使用的机器，并将其调整到最佳状态。一旦实验开始，就可以非常顺利地展开对物理实务的实验探索。以泰勒和加尔布雷斯夫妇为代表的早期管理学研究，就侧重于生产车间中如何提高工匠的生产效率。在 20 世纪早期，管理学家和企业家就共同意识到良好的工作习惯和工作惯例能够很大程度上改变工匠们的最终产品。

第二，精雕细琢的工作习惯会直接影响到所制造产品的细节，而产品的细节会直接改变产品的市场价值。我们生活中有这样的经验：高档服饰和皮包在制作细节上远胜过做工一般的同类产品，即使他们使用了完全相同的材料。例如，在高档手工皮鞋的生产过程中，老工匠的工作流程十分复杂。制鞋师为了避免遗漏烦冗的生产步骤，在每一步结束之后，都会在自己制作的表格上画上一个对勾，这一习惯伴随他工作多年，虽然增加了额外的时间消耗，但却直接保证了产品的质量。在随后的访谈中，工厂经理以巴黎的时装业为例，强调了他们对品质的追求。事实上，巴黎之所以成为世界时尚之都，不仅是因为拥有这个世界上最好的设计师，还因为他们有最为认真细致、经验最为丰富的裁缝。精雕细琢的习惯能够让工匠精神获得完全的体现，产出最好的产品。

（2）持续地了解用户需求是对具备工匠精神制造者的又一个重要的要求。工匠制造产品的最终目的是为了提供给他人使用，工匠和用户之间是人与人的交互关系。工匠醉心于改造自己的产品乃至作品，实质上是人和物发生了关系。只有产品被顾客所购买和使用，被改造的物才能再次和人发生关系。如果工匠不能了解用户的需求，即使他对物的改造再彻底，也难以带给用户真正的享受。在商业环境持续动态变化的今天，对客户需求的了解和尊重显得越发重要。

例如，一个年轻的工匠学徒立志“十年磨一剑”，打磨自身的技术和工艺。如果他不能追踪最新的行业进展和流行趋势，很可能在十年之内，他的技艺就变得不合时宜，没办法在市场上博得一席之地。作为中国最负盛名的工匠，景德镇的陶瓷工匠不仅在制造技术上长期领先，他们还是客户需求的聆听者和引导者。

历朝历代的景德镇陶瓷都有独特的美学意蕴，反映了当时人们的审美取向：宋代的影青瓷温润如玉绰约典雅，是宋代文化繁盛，思想自由的投射；元代的景德镇瓷器开始向彩瓷转向，缤纷异常，是元代民族融合，文化汇集的反映；明代的景德镇瓷器吸收了舶来文化的精华，造型与装饰获得极大丰富，是明代瓷器出口关注更广阔顾客需求的表现。景德镇陶瓷工匠因时而动的历史经验启示当代工匠吸纳用户诉求的重要性。

（3）学习与创新的能力是将工匠精神转化为工匠成果的必要条件。优秀产品的打造不是一蹴而就的。工匠们需要反复迭代产品，学习他人经验，推陈出新。

例如，我国本土汽车行业他们的工程师希望通过自主研发的六代产品的迭代，以追赶上国际汽车制造的主流水平，以每一代产品周期 5 年计算，这一过程长达 30 年。第一代产品的研发建立在对国外技术基础的学习之上，这需要汽车工程师们对西方技术进行充分学习和吸收内化。同时，结合我国具体的文化传统、使用情景、审美偏好进行客户导向性创新。在此思路指导下的产品投入市场之后，汽车制造者要吸收市场的反馈，修正产品设计。同时，当国际上有更为优秀的制造技术和制造理念时，随时派遣人员进行学习，快速缩小本土产品和领先产品的技术差距。

在中国的特定市场需求还可以启发制造者在特定的领域改进技术，做出渐进性的技术创新。在第二代产品中，将上述知识成功纳入产品中。在随后几代产品中，伴随着制造工匠们不断的学习过程和创新成果积累，该企业在制造上同西方领先企业的技术差距会不断地缩小，并最终获得超越的机会。

如今的时代，创新和学习的能力对于工匠精神所能起到的作用，已经被东西方的实业家们所充分认识。通用电气的首席营销官在接受《哈佛商业评论》采访时，直言不讳地指出了该公司选择人员的第一标准——能够通过学习和调动资源，搞定各种新出现的问题。真正有能力的工匠能够了解他们的产品是怎样融入顾客的生活与工作中的。通过针对性的产品服务和以客户需求为导向的反复改进，工匠们能够适应这个需求越来越多变的时代。

在更广阔的意义上，工匠精神并不仅仅是制造业者的专利，工匠精神同样适用于每一个普通人。当每个社会成员都能够从他们的事业里获得成就感、使命感和长期受益，他们就会拥有充足的意愿去发挥自己的工匠精神、精益求精、追求完美。同时，他们也会不断提升自己的职业素养来改善自己的工匠能力。一个拥有良好职业素养的人同样也培养出良好的工作习惯——教师一丝不苟地确定问题的正确答案，医生在诊疗时充分了解病人情况，司机出发前仔细检查车辆状况等，不一而足。同时，职业素养高超的人不会只是埋头工作，他们通常会抓住一切机会与自己产品的服务对象进行沟通，并基于此进行持续的学习和创新，以期在未来更好地服务用户。

总而言之，通过培养精雕细琢的工匠习惯，不断了解用户需求，持续学习和创造性思考，工匠们建立起了优秀的技术能力，这些能力同他们坚持工匠精神所获得的成就感、历史使命感和长期收益相结合，共同促成了工匠精神在工匠个人层面上的回归。

（二）工匠精神企业层面的回归

随着现代经济的不断发展，生产过程也日益分化。“工匠”的生产活动地点，从过去的个体手工作坊逐渐演化为现代的企业。身处现代组织的个体工匠，其行为必然会发生变化。企业的管理者和创业者需要从公司战略、企业文化、组织结构、人力资源和生产运营等方面着手，激发和保持制造者的工匠精神。

1. 企业更易获得差异化竞争优势

从公司战略角度考虑，拥有工匠精神的企业更容易获得差异化的竞争优势。“个性化定制”和“柔性化生产”的核心就是强调企业的产品要依据用户的不同需要进行差异化生产，做到规模少量化，品种多样化。这种差异化需要不断提高水准，从而对“精益求精的工匠精神”提出了要求。最终，差异化的产品能够“创品牌”，形成了与众不同的良好声誉，从整体上有助于增强中国产品的国际竞争力。

战略大师麦克·波特曾将公司的竞争战略分为三种主要类型：成本领先战略、差异化战略和聚焦战略。聚焦战略是在特定的利基市场上选择成本领先战略或是差异化战略，所以企业对竞争战略的选择主要是在成本领先战略和差异化战略之间展开的。在波特的经典分析框架下，分析低成本和差异化的根本差异，得出企业难以二者兼得的结论。

在改革开放40多年中蓬勃发展起来的我国大量制造业企业，主要选择了成本领先的战略。这一战略能够充分利用人口红利和改革开放的政策红利，以及承接发达国家产业转移的机会窗口期。采用成本领先战略促成了企业的快速发展，但是，也留下了产品差异化程度不高，客户满意度不足的缺陷。随着国际竞争的加剧和人口红利的减少，继续成本领先战略的发展模式难以为继，企业需要在差异化路上寻找自身的优势。

制造者的工匠精神能够为组织所用，精益求精地雕琢产品，从而长期为公司提供价值。由于长期采用成本领先战略，钻研技艺的工匠代表了一种高度稀缺的人力资本，对工匠技艺的模仿难以在短期内实现。依照资源基础观的“价值—稀缺—可模仿性—组织性”标准来看，工匠精神是组织得以建立持续性竞争优势的一种重要的战略性资源。企业的管理者应当充分认识工匠精神的战略价值，并在日常运营中注意充分使用这种战略性资源。

2. 认同并形成精益求精的价值观

企业文化是指企业在生产经营活动中所形成的一种共同意识和价值观念。企业并不是一架理性机器，而是由生活在社会中的人所组成的，组织成员不可避免地形成一些相似的价值取向和思考方式。企业文化能够引导组织成员的行事方式，能够软性地约束组织成员的行为，还能够将目标不同的组织成员整合在一起。中国制造业企业的再发展，可以通过建立工匠文化来实现。

企业层面的工匠文化是指整个组织的成员认同并实践精益求精、追求完美的价值观。每个组织成员都在各自的组织位置上不断地挑战自我，进行创新，从而达到让社会和客户更为满意的状态。拥有工匠文化的企业、组织成员会因为雕琢产品的需要而凝聚起来，拒绝短期的诱惑，制造更为负责任的产品。如果想要建立起独特的工匠文化，企业的管理者可以参考如下基本思路。

（1）高层管理者的承诺和践行。企业管理者应通过自己的行为，而非强行施加的命令来引导组织成员的行为。高层管理者的价值观会直接影响组织成员的价值观。如果企业的高层管理者能够首先做到对产品精雕细琢、严控质量、关注细节，就为整个组织的工匠精神氛围奠定了基调。

（2）借助正式仪式和活动。与工匠文化有关的正式仪式能够提供帮助组织成员认识到组织文化变化的时间节点，从而更为严肃认真地对待手头的工作。同时，通过经验分享会、研讨会、技术比武、文体比赛等形式的活动，组织成员能够更加切实地体会工匠文化的具体表现，为今后的工作提供参考脚本。

（3）提供物质和精神激励。企业的管理者要敏锐地观察组织成员的行为。对于符合企业工匠文化的行为，要在短时间内进行正面激励，甚至是树立为典型。正面激励既可以是物质性的，也可以是精神性的。例如，纪录片《我在故宫修文物》里的文物修复师王津师傅那样的先锋人物，如果能够得到持续性奖励，将会带动整个组织共同进步。

3. 组织构建专业化与创新型组织

组织结构对于企业培育工匠精神作用也非常重要，即使企业的管理者能够充分认识到工匠精神的战略和文化意义，但如果缺乏组织结构和制度安排上的支持，工匠精神的践行仍可能落空。从组织结构的角度看，专业化组织和创新型组织最有利于工匠精神的实现。

专业化组织是一个基于制造者技能标准化的组织结构，组织最关键的部分是他们的基层操作者。它不同于传统的机械型科层制组织，接受过专业化培训的专业技术人员在组织中处于支配地位。

例如，医生在加入医院这个组织之前就已经接受了大量专业训练，获得了基础性的技艺。进入组织之后，通过大量实践中的钻研和探索，进一步提升了自己的技艺。组织赋予他的成员相当大的权力，从而有助于后者充分发挥自身的优势来完成工作任务。这种结构对于制造业同样适用。今天的景德镇瓷器生产就采用了类似的模式：陶瓷制造师在进入企业之前就从陶瓷学院和美术学院等地接受了专业的训练。进入组织之后，他们被赋予了较大的自由权力，直接利用自己的经验进行产品制造。

创新型组织尤为适用于现代动态且复杂的企业运营环境，方便具有工匠精神的制造者以较为复杂的方式进行创新。创新型组织的突出特点是“项目结构”——把不同专长的工匠融入一个运转良好的创造性小组之中。项目领导者起到教练的作用，负责将整个团队整合起来。项目中的工匠有各自擅长的部分，从而获得了较大程度的授权。为了保证项目的顺利进行，组织需要提供技术娴熟、经验丰富的后勤保障人员。

例如，纪录片《我在故宫修文物》就为我们展示了创新型组织的基本模式。为了修复已经严重受损的文物“万寿紫檀屏风”，项目组同时囊括了青铜、木器、漆器等方面的工匠。每个工匠在其所负责的部分都是专家，拥有进行创造性操作的权限。为他们提供支持的后勤保障人员也是身经百战，能够提供及时有效的技术支持，这种创新型组织结构支撑了整个复杂项目的运转。

在管理实践中的组织结构调整殊为不易，并不总能保证工匠在专业化组织和创新型组织中工作。对于在短期内力图塑造工匠精神的制造业企业，提供强有力的后勤保障人员和较高程度的授权是可以参考的两条基本原则。

4. 健全完善人力资源的管理规划

个人是工匠精神的载体，企业层面上工匠精神回归的基础是组织成员一举一动中透露出的工匠精神。如果企业无法通过其良好的人力资源实践留住并激励好工匠，即使一个曾经很有工匠精神的个体也可能无法制造出优秀的产品。通过人力资源实践来促成工匠精神的回归，管理者需要成功地识别和甄选潜在的优秀工匠，随后还需要向所选择的组织成员提供必要的知识和技能。培养出合格的工匠之后，企业还需要通过适当的激励制度来留住他们。

因为工匠精神是一种隐性的特征，对于人力资源部门而言，识别和甄选潜在的优秀工匠难度较大。企业的人力资源部门需要先根据企业战略，做出人力资源规划，确定组织工匠所需要完成怎样的工作，需要具有的技能和性格特征。参考微观组织行为方面的研究，具有优秀工匠潜质的人员需要有较强的自我激励倾向，能够从精益求精的过程中获得足够的成就感。同时，潜在的工匠需要有较高的自信心。

工匠在探索技术前沿时，需要经常面对不确定性。自信的工匠才能够更好地适应这种不确定性，从自己的工作中获得更高的满意度。甄选工匠时应该做到不拘一格。具有工匠精神的人通常观察力敏锐，动手能力强，从转换行业而来的工匠也应该被更多的重视。例如一个曾经在手表制造公司工作的制表师，在经过有效的培训之后，可以转行成为一名优秀的飞机机械师。

拥有成为优秀工匠的意愿并不等同于成为优秀工匠，工匠们还需要不断提高自己的技能来适应用户的需求。提供持续的知识和技能培训是人力资源部门工作的又一个重要组成部分。对未来工匠的岗前培训，公司应该侧重于“工匠文化”的教育，使之充分理解工匠精神对于组织的重要意义。定期在岗培训有助于工匠们在短期内弥补自己技术上的短板，从而提高制造的水平。也有一些企业选择了比较传统的师傅带徒弟的办法，这种方法的好处是徒弟能够在很多细微之处受到师傅的指点，减少摸索的时间。但它的适用范围相对狭窄，只有市场需求和生产技术没有发生根本性变化的行业，师傅的经验才能够继续有用武之地。

当企业培养出了杰出的工匠，管理者还需要通过一系列正确的措施留住这些组织的宝贵人力资源。企业首先需要设定一个能够准确估算工匠绩效的评估和薪酬系统。对于从事高技术含量工作的工匠而言，以计件工资为基础的薪酬方式很可能低估工匠的实际劳动成果。有些企业采用了基于技能的薪酬系统，尤为适用于制造业组织。在这一体系下，工匠的收入由技能水平决定，他的行政头衔并不会对收入产生影响。除了财务回报，企业还可以考虑定期嘉奖杰出工匠，授予荣誉称号，在精神层面上提供正面激励。

5. 着重关注基层管理者与技术创新

工匠精神的承载者往往是处于生产一线的操作人员，激发他们的工匠精神实际上也是一个企业生产运营的问题。在这里，企业的高层管理者需要尤为关注基层管理者和技术创新的三个方面，具体内容如下。

（1）基层管理者需要和具有工匠精神的产品制造者频繁互动。基层管理者应该给予工匠们充足的激励和足够的尊重。基层管理者先要树立新的绩效观，改变过去以产量压倒一切的传统思维。工匠生产的差异化产品凝结了大量的心血，如果只以产量论英雄，势必会低估其贡献，从而产生负面的激励效果。

（2）基层管理者需要给予工匠更多的尊重，培养融洽的关系。在服务业中，管理者通过让自己的雇员满意，间接改善了服务业从业者对顾客的态度。制造业企业也可以从中获得启示。获得尊重的工匠更有可能积极地钻研技术，改进产品。

（3）基层管理者需要培养对不确定性的承受能力。在过去成本领先战略的时代，产量指标能够提供给基层管理者很强的确定性。但在讲求工匠雕琢的时代，基层管理者必然地会面对无法确定产量的焦灼。他们应该调整自身的心态，更加坦然地面对生产制造过程。

技术创新是工匠在制造过程中，提供的另外一个重要成果。工匠之所以不同于普通工人是因为他们对自己的产品有高度的责任感。这种责任感驱动工匠们精益求精，刻苦钻研，不断通过学习充实自己，甚至创造性地采用新的技术和方法。在这个技术创新的过程中，企业需要提供充足的学习机会。这种学习机会可能来自企业内部工匠们的相互交流，也可能来自同其他企业合作时的互通有无。对于工匠们的新尝试要提供充足的保护，即使有些尝试在最开始看上去并不能奏效。企业的后勤部门都需要随时待命，满足工匠们的需要。

总而言之，企业管理者需要在战略上思考工匠精神的意义，树立一种工匠文化，同时选择适当的组织结构，辅以良好的人力资源实践和生产运营过程，这样有助于企业层面上的工匠精神回归。

（三）工匠精神文化层面的回归

无论是工匠个人，还是制造业企业，都是更广阔的社会文化环境的一部分。如果我们能在全社会弘扬工业文化，重视培育工匠精神，塑造有助于工匠创新的社会氛围，那么每个社会成员和企业组织都会从中受益。在社会文化的范围内呼唤工匠精神的回归，既需要弘扬工业精神文化，还需配合制度化的思路，将工匠精神长期保留下来。

1. 弘扬工业精神文化

工业精神文化包括工业科技与技能、宣传展示活动、价值观念和规范、文艺作品和历史典籍等，是与工业化社会相匹配的精神文化，是目前人类社会最为先进的一种文化元类别。工业精神文化具有与时俱进的特征，有很多子类别，凸显出地域性和时代性。例如，在英国工业革命之后，随着工业化生产方式的快速扩展。人们逐渐形成了强烈的竞争意识，这就是工业精神文化的一个子类别，这种价值观能够影响社会公众对于日常生活和现实事物的具体理解。类似的，工业化风暴在德国兴起之时，配合工业化生产方式，德国形成了讲求细节严谨，持续创新技术的工业精神文化，影响到了整个日耳曼民族的价值观念。

同其他国家相似，工匠精神也是在我国工业发展过程中逐渐形成的一种工业精神文化。我国的工业化进程带动了社会分工的全面深化，而社会分工的进程又直接带来了经济的增长。在这一过程中，行业日益分化、科技不断进步，工匠们得以在所从事的领域不断深入进行专业化发展。制造的专业化和精尖化的过程，正是工匠们不断精益求精，塑造产品的过程。从这个视阈来看，讲求工匠精神本身就是弘扬工业精神文化。弘扬工业精神文化的好处是多元的，具体内容如下。

（1）工业精神文化可以直接为工业发展提供精神动力。当整个社会都拥有工业精神，制造业将被高度重视，处于优势经济地位，从而直接提升社会生产力。

（2）从工业发展中诞生的工业精神文化具有与时俱进的特征，能够推动工业发展方式的变革。现代经济越进步，人们越倾向于选择科学、人性化和可持续的发展方式。工业精神在吸收了这种社会观念之后，会直接作用于生产过程，促成发展方式的演进。

（3）工业精神文化的发展能够增加工业软实力，从而提升综合国力。当今社会，国家之间的竞争不仅仅是硬实力的竞争，更是文化软实力的竞争。作为最先进的文化和价值体系，国际之间的工业精神文化同样存在竞争。如果工匠精神能够实现社会回归，这将是我国工业精神文化的一支强心针，会在与其他国家的竞争中为我们带来竞争优势。

（4）工业精神文化能够直接提升制造业产品的经济交易价值，打造更有世界影响力的中国企业。以工匠精神为代表的工业精神文化驱动下的产品能够更好地满足用户需求，从而通过差异化优势占领市场，获得更高的经济价值。中国企业走向国际化的道路离不开这样有市场竞争力的产品。

工业精神拥有很多子类别，弘扬其他类型的工业精神也能够直接促成工匠精神的社会回归。“筚路蓝缕”的创业精神本身意味着对于事业的艰苦奋斗、奋勇开拓，这种承诺和责任感会激发工匠精神的再发展；“日新月异”的创新精神包含着对于更高水准产品的期待和准备，拥有创新精神的制造者更愿意雕琢产品，从而发扬了工匠精神；“物勒工名”的担当精神强调分工协作、各负其责的合作制造方式，这正符合工匠们对于自己工作极端负责的现实情况，从而与工匠精神殊途同归；“千金一诺”的契约精神孕育了诚信观念，要求人们竭尽全力尊重契约与合作关系。拥有工匠精神的制造业者对于自己产品的使用者做出了高于合同的承诺，所以能够秉承工匠精神的个体通常能够保持诚信。

总而言之，工匠精神是工业精神文化的重要组成部分，工匠精神在社会层面上的回归本身就是对工业精神文化的弘扬，弘扬工业精神文化本身也有助于工匠精神的社会回归。在工业化发展过程中，社会对制造的要求是不断提升产品水准和人性化程度，满足更多社会成员的切实需要。技术性工人和操作者的工匠精神恰好符合了这种时代潮流。工匠文化既体现当前的工业精神文化，同时又能激发工业精神文化的持续发展。

2. 利用制度化手段回归

我国工匠身上承载的工业精神文化是工匠精神文化回归之源，建立制度化手段是工匠精神回归的路径和桥梁。通过一系列制度安排，工匠精神的持续和发扬才能成为现实，从而继续推动中国制造业向未来发展。

（1）将重塑的工匠精神纳入更为宏大的国家发展战略层面上。事实上，工匠精神本身就是制造强国战略的题中之义。通过制造强国的“三步走”战略，我国将在 2025 年缩小差距，迈入制造强国行列，并在 2045 年实现跨越，迈入制造强国“第一方阵”。

制造强国不仅需要资金的投入和技术的创新，还需要操作一线的工匠们的精益求精和不断探索。这也就是“制造强国”的八项战略对策中，涵盖了“人才战略”的原因。事实上，具有工匠精神的制造业者本身也是技术创新的排头兵。工匠们通过仔细钻研产品，能够准确地理解技术和产品之间的互动关系；工匠们通过充分了解用户需求，能够深刻把握产品与用户的交互方式。所以，融合了技术与现实，工匠精神成为未来制造业发展不可忽视的催化剂。

（2）建立更有效率的信息分享机制，为工匠提供更多有益的参考。工匠们“十年磨一剑”是一个漫长的过程，会使用大量的社会资源。但是，现代社会科技发展极为迅猛，市场的需求瞬息万变，工匠的技艺有可能刚刚磨炼完成就面临过时的窘境。

如果我们能够建立起有效的信息分享机制，将市场现有的和未来的需求传递给工匠，从而保证工匠们能够在未来获得足够的回报，能够极大激励工匠们继续钻研技艺。这种信息分享机制既可以包括企业、科研机构、培养机构之间的频繁互动，也可以包括与国外同行的定期交流，还可以包括权威机构发布的预测报告，形式的多样会带动信息内容的多样。

（3）健全社会保障体系，为技术性工人提供系统性的支持。促成工匠精神在社会层面上的回归需要在物质层面提供系统性支持。类似于我国部分地区为海外留学归国人员提供的人才支持计划，社会保障体系应该给予技术性工人额外的关注。

专注于某一特定行业的技术性工人，有时候会面对产业转型带来的失业，通过健全的社会保障体系，为他们的转行过程减轻财务压力，并提供潜在的新岗位，能够减少工匠们的后顾之忧。在收入制度安排上，优秀的技术性工人能够得到更优厚的税收政策，从而获得额外的物质待遇。对于特别接触的顶尖人才而言，地方政府部门可以建立特殊津贴，直接增加其收入。在职称评定过程中，技术性人才可以享受特殊优待。通过综合社保、收入、税收、晋升等手段，技术性工人能够享有系统性的制度化优待。

（4）引导社会公众改变“重学历，轻技能”的观念，鼓励年轻人培养自身技能。当前，我国社会公众心态倾向于认为高校等教育机构提供的学习经历最有益于青年人成长，而往往忽视务实有益的技能训练的重要性。事实上，每个人的天赋和成长经历不同，有些适合成为优秀工匠的人才未必能够在学术领域有所斩获。

同时，现代经济对于人才的需求也是多元化的，大量操作性职位更需要拥有精尖技术、经验丰富且训练有素的工匠。个人特征和经济发展共同要求社会公众改变其观念，更加重视“技能”而非“学历”。我们社会的年轻人正处于接受训练，积累个人人力资本的时期。如果能够形成重视技能的价值观念，有助于他们在未来更好地为社会服务，加入“制造强国”的参与者行列中。

（5）完善社会诚信体系建设，有效保障工匠和企业的劳动成果。工匠在自己的产品上不断投入精力，本身就拥有很强的利他精神。为了保护他们的奉献精神和利他主义行为，世界各国的实业家都竭尽全力。

例如，多年以前，亨利·福特为了保护他雇佣的工匠们，打破行业惯例，主动将工资提高到原有的两倍。工匠们深感自己的工作得到了充分的认可和欣赏，更加投入地进行生产制造。但是，在我们现实生活中，仍有部分工人在认真投入之后没办法足量地获得自己应得的收入，他们精益求精的积极性为此而受到损害。只有我们的社会诚信体系能够更加健全和完善，工匠和企业的合法利益能够得到充分的保护，工匠和企业的劳动成果才能在社会范围内获得充分的尊重。

（6）通过定期的仪式与活动，塑造一种对于工匠高度尊重的社会文化氛围。在美日德等国家，拥有技术能力的工匠有非常高的社会地位，受到人们尊崇，直接促成了工匠们不断打磨自己的产品，精益求精。如果能有更多类似《我在故宫修文物》的纪录片，人们就会更多地发现生活中默默无闻的杰出工匠。如果能对产品制造者有更多的奖励和荣誉授予仪式，工匠们会更乐于分享自己的故事，传承精湛的技艺，这些活动、仪式、奖励、纪录会共同促成全社会对于工匠的尊重，达成工匠精神的文化回归。

（7）建立非物质文化遗产保护制度来传承历史悠久的传统技艺。伴随着现代技术的进步和商业的持续发展，许多传统的工匠技艺失去了生存的空间。这类工匠技艺虽然在效率上已经落后许多，但是，作为非物质文化的活化石，有其独特的文化和历史意义。建立起非物质文化遗产的保护制度，在帮助这些技艺实现继续传承的同时，能够给社会公众一个强有力的信号——我们的社会充分尊重工匠们的创造，并愿意持续地保留它。此外，过去的制造技术很有可能在未来的某个时段，继续启发工匠们的创造。从这个角度来看，保留工匠们的非物质文化遗产既有文化历史意义，又有现实经济意义。

总而言之，工匠精神的回归并非仅仅是工匠个人和工匠所在企业组织的目标。整个社会文化环境也需要找回工匠精神，传承我国历史上绵延至今的工匠精神传统，同时，吸收其他国家保留工匠精神的正面经验，使工匠精神的文化回归成为有源之水。为工匠精神的保留建立支持性的制度安排，将工匠精神落实到具体之处，工匠精神的文化回归成为有曙光之路。当我们加快培育工匠精神，弘扬工业文化，为实施“中国制造 2025”提供强大的道德支撑、价值引领和精神动力，才能更加有力地撑起“中国制造”的强国梦。

二、工匠精神的文化厚植

（一）注重创新发展

追随历史的脚步，我们不难发现，创新能力是一个国家昌盛与否的风向标。时至今日，全世界都兴起了一股创新浪潮，无论是产业变革，还是经济转型，创新都渗透其中，成为各国取得竞争优势的重要筹码。

从我国目前的发展状况来看，传统的人口红利不断减弱，旧的生产模式日渐式微，整个社会正逐步迈入经济发展的新常态；创新已经成为新的经济增长点，然而产业升级仍旧落后，核心技术还无法全面掌握，健全的创新驱动发展机制亟待建立。当前国际竞争日趋复杂和严峻，我们如果要想取得优势，就必须寻找全新的发展动力，培育新的经济增长点，坚定不移地走创新发展道路，深入挖掘创新动力，占领科学技术这个发展的制高点，走出一条从人才强、科技强到产业强、经济强、国家强的发展新路径。

互联网时代的世界，千变万化，发展迅猛，我们也在积极求变，然而却少有真正意义上的创新之举。一个创新总是很快被另一个创新所替代。求变简单，创新却异常困难。值得注意的是，商业化的社会中，人们更倾向于使用一次性产品，小到钢笔、饭盒，大到手机、鞋子，一旦遭遇毁坏，大家并不是考虑如何去维修，而是购买全新的产品。在他们看来，购买一件新商品的成本远远低于维修所需要的花费。而从商家的角度来看，如果产品的质量过硬、方便修理，那么新的产品就不能被方便地推销出去，于是就形成了一个不良的循环。在这种社会氛围之下，生存成本无形增大，人们所面临的压力也越来越重。东西只使用一次，这在无形之中抹杀了人们的创新思维。大家只需要批发生产、重复买卖，根本没有创新的余地。

如今的时代，急切呼唤包括工人、工程师、科学家在内的创新性工程。美国科学家普莱斯发表了著名的“小科学、大科学”演讲，当中就提到了现代科技发展的重要特征，归纳起来就是：主体参与多、学科交叉广、投资强度大、工程系统性增强。联想到我们今天的大型强子对撞机、人类基因组计划、国际热核能聚变实验计划等，它们都是这种工程式的科学研究。这当中，需要每一个参与主体的“工匠”自觉，对待自己负责的部分一丝不苟，精益求精，决不允许失误。在这种情况下，“工程”才能预研、设计、建设、运行、维护等，走过一系列环节，最终获得成功。

例如，有着火箭“心脏”（发动机）焊接人之称的高凤林就完美演绎了工匠精神。在长征五号发射工程中，他用一连串数字——0.1 秒，焊接允许的时间误差；0.16 毫米，火箭发动机上每一个焊点的宽度；38 万千米，“嫦娥三号”从地球到月球的距离，体现出一个“匠人”的精确程度，对于每一个焊接点的轻重、角度、位置，他都慎之又慎。

在长征五号工程当中，火箭发动机需要数百根几毫米的空心管线。然而管壁的厚度却只有 0.33 毫米，这就需要焊接技师进行 3 万多次的精密操作，将它们编织在一起。这些焊缝细到只有头发丝那样的大小，却需要绕足球场两周。实际操作当中，一个呼吸就很可能影响到焊缝，甚至一道工序经常发生 10 分钟不眨眼的情况。

21 世纪是复杂性科学的世纪。不认识整体就不可能认识各个部分，同样不特别地认识各个部分也不可能认识整体。在一个科技创新的系统工程中，每一个技术环节，都要先放在一个整体的框架下进行设计、实施和要求，与此同时，该技术环节本身的要求也要与整体之间相辅相成。

例如，先秦时期的庖丁，其在宰杀牛的时候，刚开始也是“所见无非牛者”，三年之后，他已经达到了“未尝见全牛也”的境界。这中间与庖丁不断发现规律，掌握规律，再利用规律是分不开的。庖丁能做到“依附天理”，这也正是工匠精神的内涵之一。科技创新的复杂性特征，要求每一个参与主体都能做到胆大心细，注重细节，像庖丁那样在自己的专业水平上追求极致，从而不断寻求整体的超越与成功。

如今的时代，科技创新不再仅限于科技工作者，它的社会性特征要求来自不同行业的各种人才共同努力，在这种情况下，科技创新常常以项目工程展开。就这一点而言，其核心内涵与工程活动的内在逻辑不无相似。追求极致和卓越是工匠精神的内在要求。然而除此之外，更需要团队的协作与配合。作为一项巨大的“项目工程”，科技创新也需要考虑原材料、环境、资金、工艺、效益等各方面的因素，合格的原材料是项目开展的基础，资金的持续供应是科技创新的保障，缺其一，便称不上是一个优秀的科技创新项目。同理可推，如若一个科技项目有可能对环境造成巨大的不可逆的伤害，便需要及时做出改进甚至是暂缓推进。不为创造而创造是工匠精神的一个重要特征，创造性活动必须要和现实生活紧密联系到一起，这种交融，可以是经世济民的，也可以是附庸风雅的。

抓创新，先要从科技抓起，让科技创新的轮子更好地转动起来，从而不断提高员工的自主创新能力。另外，要努力改善一切不利驱动创新发展的生产关系，把体制创新的轮子也转动起来。这样“双轮驱动”，以科技创新带动组织、管理等全面创新，从而在发展方式、发展要素、产业分工等方面实现根本性转变，不断构建新的发展动力系统。

总而言之，创新之路，漫漫无期，这当中需要制度基础，体系支撑和环境滋养，否则便不能实现跨越式发展。如果要想防患于未然，就要从这些问题出发，建立健全法律制度，营造良好的社会氛围，创建创新激励机制，改革创新治理体系，只有这样，才能最大限度激发出国人的创新活力。同时，我们还需要根据全球创新资源重新配置和我国经济不断提升的现状，“海纳百川”的同时，全方位地展开我们的创新改革，积极参与到全球创新活动当中，博采众家之长，赢得创新资源配置的机会，为我国创新奠定基础，拓宽深度，取得优势。

（二）发扬工匠精神

工匠精神，得先讲究一个“工”。换言之，发挥工匠精神的前提必须是成为一名劳动工人：从广义上而言，工匠精神是一种工作态度，但是，它最终是要通过普通的工作岗位去实现的。无论是教书育人的老师，及时报道新闻的记者，还是让城市更加美观的清洁工，抑或是救死扶伤的医生，只要能够在自己平凡的岗位上做出不平凡的工作，就能被称为是传承了工匠精神的。

工匠精神还讲究一个“匠”。从“工”到“匠”，并不仅仅是一种名称上的变化，更代表一种质的飞跃。人们常说没有哪一种工作是平庸的，有些人的工作之所以平庸是来源于平庸的工作态度。工匠精神强调的正是一种工作态度，一个“匠”字告诉我们，想要在自己平凡的岗位上做出不简单的成绩，就要有认真负责的工作态度，努力地提高工作效率，成为一个真正的“匠”。

工匠精神和爱岗敬业之间存在着密切的联系。爱岗敬业是职业道德中的重要内容之一，对于爱岗敬业而言，可以从两个方面来理解：首先，“爱岗”就是热爱自己的工作岗位；其次，敬业则是指用一种恭敬的态度来对待自己的工作。除此之外，我们又可以把敬业分为两个小的层次，即功利层次和道德层次。无论哪行哪业，爱岗敬业都是最基本的职业规范，也是对人们工作态度的一个重要要求。爱岗敬业具有非常重要的价值，它是推动人类进步的精神财富。在我国古代的典籍中，有很多著作对敬业精神做了论述，如“素其位而行，不愿乎其外”“凡百事之成也，必有敬之，其败也，必有慢之”等。敬业不仅仅是帮助我们更好地成就自己的事业，也是我们为人处事的基本道德。

在实际生活中，如果一个人想要生存和发展，那么工作岗位就是他的基本保障。同样的道理，如果社会想要存在和发展，那么工作岗位的存在也是必不可少的。总而言之，爱岗敬业不仅关乎个人的存在和发展，也对社会存在和发展起着重要作用。爱岗就是热爱自己所从事的工作，除此之外，更强调一种负责的工作态度。人们只有热爱自己的本职工作，才能够以正确、热情的态度来对待自己的职业工作，才能在工作中收获幸福感和提升自我价值。一个人如果想在平凡的岗位上做出不平凡的成绩，先要热爱自己的职业。除此之外，敬业讲究的是一种严肃的工作态度。这要求人们要尊重自己的职业，忠于职守、勤勤恳恳地做事，只有这样，才能够让别人对自己的工作也充满敬意，从而让自己的职业充满意义。

例如，“全国五一巾帼标兵”“全国三八红旗手”关改玉用 8 年时间步行 1700 千米，检测 8000 多个焊头，其准确率高达 95%。在别人看来，利用 8 年时间去做探伤岗位，这无疑是一种特别乏味的工作，但是在关改玉看来，8 年时间还远远不够。在她的心中，她热爱自己的工作，所以她也享受改进探伤工艺的过程，因此，无论是克服恐高登上 20 米高的桥墩，还是黑夜独自前行，她都没有后悔过。正因为热爱，所以她才愿意在自己的工作上花费大量的时间和精力，才能够让准确率高达 95%：这个数字反映的并不仅仅是她对自己工作发自内心的尊重和热爱，更反映出她精益求精的工作态度和爱岗敬业的精神理念。

又如，火会燎是一名普通的农民工，他靠着自己敬业奉献的精神，成功地扭转了自己的人生，让自己从一名普通的农民工成长为世界 500 强公司的中层管理者。他的敬业精神表现在：一次，他正在对 100 吨的钢筋进行尺寸和规格的测量，当他用粉笔把清点的数量刚刚在钢筋上写好时，一场大雨突然降下来，把钢筋上的粉笔痕迹冲刷得一干二净。此时，火会燎没有就此放弃，他果断地脱下了身上的毛衣，然后把毛衣剪成一截一截的线头，绑在钢筋上做记号。除此之外，火会燎目测数量的绝活也让大家十分敬佩。起初大家并不相信他有这项本事，于是想考验一下。大家推来两车水泥，让他预测数量，火会燎观察了它的方位以及高度之后说，一车是 14 吨，另一车是 16 吨，经过清点之后大家发现他说的完全正确。

如今，火会燎已成为中建三局料具站负责人，管理500多名员工，其中不乏“211”“985”名牌高校毕业的学生。在我们身边，其实这样的人还有很多。如环卫工王莉，用个人的“脏”换来城市的干净，成为湖北省“三八红旗手标兵”；“电黄牛”方华志，几十年如一日奋斗在一线，成为全国劳动模范等。他们脚踏实地、爱岗敬业，让平凡的岗位绽放出绚丽的色彩，自己也获得了不断的成长。

总而言之，无论在哪个时代，哪个地方，爱岗敬业都有它的深刻内涵。在现代生活中，更加重要：爱岗敬业并不是我们挂在嘴上的口号，它是需要我们在工作当中去实践的一种工作态度，这种工作态度决定了我们的工作能否被别人所认可，也决定了我们能不能把手头上很小的工作做好，甚至决定了我们能否在工作中创造出更好的成绩、能否实现更高的人生价值。

（三）专注并且坚持

我们可以把世界上的人分成两种：一种是喜欢和人打交道的；而另一种是喜欢和事物打交道的。从这个分类来看，工匠无疑是属于喜欢和事物打交道的人。一般而言，专心做技术的人往往性格较为沉闷，这是因为，相比较和人打交道，他们更愿意把自己的热情投入钻研事物中，其实这也是提高技术的重要条件。钻研技艺，并不是每个人都能做到的。钻研技艺往往讲究工匠精神，而这种精神需要几十年如一日地重复同样的工作。

例如，日本的小野二郎被称为寿司之神，工作中，他永远认真对待食材和所有细节；而工作之外，他永远戴着手套来保护自己做寿司的双手。在他的店里，我们看到的一个简单蛋卷，却往往有可能是他的徒弟失败了几百次之后才成功做成的。因此，相比于其他的餐饮行业，小野二郎做寿司的精神更像是一种修行。由此来看，同样的工作，有些人把它认为是谋生的手段，而有些人却把它当作是生命的修行，态度不一样，最终的结果也会有天壤之别。

重复是人生的一个重要特征，如何对待重复是区别平庸与卓越的一个重要指标。很多人并不喜欢重复的生活，甚至对自己的工作和生活环境常常感到厌倦，于是他们不断地更换自己的环境和工作，但是，这其实并不是解决问题的根本办法。不懂得专注、不能忍受枯燥的人，是注定无法在自己的行业中做出成绩的。而学会专注，则会让我们的学习能力和领悟能力极大提升。所谓的专注就是先专心致志地研究一个点，在这个基础上，把这个点无限地放大，让自己从中获得更多的知识，这样一来，我们也会对其他的技术和知识有更深的感悟，那么获得成就也就是自然而然的事了。

除了专注外，还有坚持。修心、修技、修身，这是每一个做技术的人每天都需要做的事情，整个修行的过程，其实充满着无聊与乏味。在这个过程中，有很多人都会感到彷徨，甚至还会退缩，直至一度想要放弃，这都是很正常的心理，最终决定大家会不会成功的主要因素就在于坚持。想要做好技术就不能贪图捷径，技术拼的就是过硬，在做技术的过程中，我们要把握每一个随时都会出现的灵感，也要对自己的技术做到熟能生巧，只有这样才能够苦尽甘来，才会迎来令人兴奋的创意。

如果想要拥有卓越的成果，就必须要忍受别人难以忍受的付出，一项精彩的作品，它的背后不光需要灵感，还需要日复一日年复一年的练习。在技术工作者不断钻研的过程中，常常要面临思想上的较量，安逸的生活对大家充满了诱惑。惰性也是人的天性，如何在工作中克服这种惰性，这就需要创作者能在作品中收获快乐和成就感。当一件精美的作品成功展示出来的时候，会感到十分开心，那些曾经的付出和辛劳都甘之如饴，正是这种成就感能够让工作者继续在工作上前进。

例如，秦始皇的陵墓在西安城东 30 千米处。1974 年 2 月，当地农民在秦始皇陵东侧 1500 米处打井时偶然发现了兵马俑。从此，一个埋藏了两千多年的地下军阵被挖掘出来，并建成博物馆。秦兵马俑被称为“世界第八大奇迹”，此处展示了古长安往日的辉煌，秦始皇为建造此陵征集了 70 多万名工匠，建造时间长达 38 年。

秦始皇嬴政 13 岁即位时便开始营建陵园，由丞相李斯主持陵园的规划设计，大将章邯监工。经过 38 年的修筑，气势宏伟的秦始皇陵终于建成。陵园动用了当时秦朝的 1/3 人口，所用黄土取自距陵园以南 2000 米的三刘村，在当时的社会条件下，这项工作只能全部依托人力。修陵园所用的大量石料取自渭河北岸的仲山、峻峨山，全部依靠人力运至临潼，工程之艰难不言而喻。这座耗费巨大人力以及财力的陵园，因雄伟神奇而被称为“世界八大奇迹之一”。

秦始皇陵园的规模令人叹为观止，现今所呈现的兵马俑，只占秦始皇陵总体部分的 3.5%；其余的绝大部分，依靠现在的科技水平，我国尚无能力开发和保护。由此可见，这座千年前的皇陵，着实称得上是建筑史上的奇迹。位于陵园东侧 1500 米处的秦始皇陵兵马俑坑，坐西向东，每三个坑呈一个品字形排列。一号俑坑最早被发现，东西长 230 米，南北宽 62 米，深约 5 米，总面积 14260 平方米，形状为长方形，四面有斜坡门道。在一号俑坑的左右两侧又各有一个兵马俑坑，被称作二号坑和三号坑。秦始皇兵马俑布局合理而缜密，结构奇特，让人惊叹。在深5米左右的坑底处，每隔3米架起一道东西向的承重墙，兵马俑便排列在墙间空当的过洞之中，放眼望去，气势盛大。秦始皇兵马俑也被称作是世界上最大的地下博物馆。

秦始皇陵的陵区由陵园区和从葬区两部分组成。陵冢位置在陵园南部，建有内外两重城，占地面积达8平方千米。秦始皇陵的封土呈四方锥形，陵基近似方形，形状如同覆斗。顶部平坦，腰部略微呈现阶梯形，封土的原始高度大约有115米，历经千年风霜，现存高度达76米。秦始皇陵土陵冢筑有内外两重夯土城垣，以此象征都城的皇城和宫城，它高达43米，底边周长1700余米。外城是一个周长为6294米的长方形，东西南北均开有一门。内城是一个周长为3890米的方形。东、西两面各开一门。秦始皇陵的建成，是70多万名工匠38年的专注与坚持的结果，栩栩如生的秦兵马俑是其高超技艺和工匠精神的再现，是民族的骄傲。

再如，王凯明被称为汽车神医，这是因为他几十年如一日地将自己扎根在汽车维修的第一线，将自己的全部热情都投入汽车制造品质和汽车故障的诊断和维修中。在他的工作过程中，他始终把汽车设计开发和汽车维修相互结合。工资低，环境差，因此，汽车行业是一个一度不被大家看好的行业，但是，王凯明并没有因为大家的眼光而放弃自己的事业，他凭借着坚定的信念，一直默默坚持。王凯明的这种精神就是一种传统的匠人精神，无论外在世界多么嘈杂，但是，匠人的内心始终是平静安宁的，这份内心的平静源于他们对技艺的专注。王凯明用毕生的时间去传承和发展汽修工艺。近年来，他在全国各地也开办了各种培训课程，录制了大量的培训视频，这给很多学汽修的年轻人提供了宝贵的经验。

瓷器行业是中国的一项传统行业，在这个行业当中，有一个专门的行当被称为画线条，也叫作打料箍。很多青花瓷器上都会有手绘青花线，这些线条匀称干净，精确无误，不仅勾勒出了生动的图案，更让人称赞的是运笔的痕迹几乎不会让人发现。这种“起笔无落墨，收笔不拖尾”的境界实在是巧妙。在画线条的过程中，往往需要将瓷器放到转动的轮盘上，创作者一手拿着笔，一手转动坯体，这个过程看似很容易，其实并不简单，它需要创作者两手配合稳当。除此之外，对于坯体的干湿程度、颜料的黏稠程度等都要有所掌握，而这全要依靠经验。

“精华在笔端，咫尺匠心难。”画线条这样一件看似简单的事情，却需要创作者日复一日地重复做，只有花费大量的时间和精力才能够成就青花瓷之美。工匠精神讲究的是一种创造精神，它不只是为了把作品做好，而且是讲究如何做得更好。作品的好是无止境的，这需要我们勇敢去探索，勇敢去创造新作品，对待作品持续保持专注与坚持的态度，以此来延续生命的长度和创造自身的价值。

（四）细节做到极致

天下大事，必作于细，天下难事，必作于易。在现实生活中，大部分人的智商相差不大，为何有的人、有的企业却如此成功，答案源自：把细节做到极致。

对于一个优秀的企业而言，制定战略至关重要。但是，与此同时，关注细节也同样重要，根据消费者的需求提供相应的细节服务，这不仅能帮助企业树立良好的形象，而且能从根本上留住消费者。简单而重复的事情往往不存在难度，因此，也是每个人都能做到的，但能不能把这些事做好做细往往能体现一个人的能力。很多人都一心想着做大事，想要马上就成功，但他们不知大的成功也是从小事做起的。如果我们能认真对待自己手中的小事，能把手中的小事做到完美，那就能为成功奠定坚实的基础。

专注细节，体现的是一种认真的工作态度。这是一个精细化的时代，无论是产品还是服务，人们更加关注细节。因此，能把小事做好、把细节做透的人，往往能获得更多成功的机会。在同样的市场当中，关注细节，把小事做到位，往往能在细微之处发现投资的机会和成功的奥秘。同样，做企业，为何有的企业可以发展得很好，而有的企业则停滞不前。究其原因：对于发展快的企业而言，他们往往能够更加注重精细化生产，关注消费者的消费需求，严格把控产品的质量，对产品的细节要求更加苛刻，换言之，企业只有让自己的服务得到消费者的认可，才能够树立良好的口碑和品牌，才有望在同等的市场条件下成为佼佼者。

例如，顾客在商场中买了一台果汁机，但是没用多久，这台果汁机就出现了问题，于是这位顾客带着小票以及机器，来到这家商场询问情况。没用多久，营业员就友好地拿出了一台新的机器给他，并递给他一张 5 美元的钞票，顾客很是不解。营业员便跟他解释，这是因为果汁机这几天降价了，所以要退还给顾客 5 美元。

一个企业老板在店里巡视时，偶然发现一个店员在给顾客包装产品时，随手把多余的包装纸和包装绳子扔掉了。于是，这位老板慢慢蹲下来，捡起地上的包装纸和绳子，他走到这位店员面前告知：其实卖的商品并没有多少利润空间，大部分盈利都来源于这一点包装纸和绳子。

这两个故事的主人公就是曾经有着“世界 500 强之首”之称的沃尔玛。沃尔玛超市十分关注顾客的细节，这正是其成功的奥秘之一。沃尔玛安装了近 4000 台卫星接收器，当消费者以及连锁店进行交易时，消费者的年龄、住址、消费金额等一系列数据都会通过卫星接收器，被送进企业先进行信息动态分析。山姆·沃尔顿是沃尔玛的创始人，在他的认知中，只有看到每一件商品的进出财务记录和分析数据，才能够证明是在做零售。

又如，福特汽车公司最早的创始人是亨利·福特，他被称为“把美国带进流水线的人”，因为他是世界上第一位提倡用流水线来大批量生产汽车的人。虽然是流水线生产，但是，亨利·福特在细节方面的要求十分苛刻。1913 年，福特向德国一家汽车零部件制造商购买了一批汽车零部件，总价值在 2000 万美元左右。在和对方签订协议的时候，福特提出要求：这批零部件要全部用木箱装载，对于木箱的大小、木板的厚度结合等细节问题都提出了严格要求，他甚至要求每个木箱上都不能允许有不一样的铁钉。在卸货的过程中，他对大家一再叮嘱，于是大家又再一次感觉到了他的严格，但工人们对他的这种行为不理解。这时候，福特到自己的办公室拿出办公室设计图，大家才恍然大悟，也对福特更加崇拜了。

原来福特的私人办公室刚刚建造完成，但是，还剩下地板没有铺。福特之所以对这批木板严格要求，原来是想要利用这批木板来铺设地板，不出所料，木板的大小、螺丝钉的位置都和他的设计图完全吻合。由此可见，不仅仅是技术工人需要注重细节，大老板也会对企业运转中的各个细节更加关注。福特的这种精神难能可贵，这也是帮助他们在激烈的市场竞争中脱颖而出的重要原因之一。人们都羡慕他们拥有十分庞大的财富，但不得不提的是，任何财富和成功都是要靠细节慢慢积累的。

再如，上海交通大学出版社出版的《我还是喜欢东京》用照片和简明的文字展现出东京在生活层面的丰富细节，包括垃圾分类、残疾人和母婴关怀、超市购物、洗手间、城市生活等主题，全面地展示了东京这座城市让人感觉温暖和便利的各种细节。在东京，仅垃圾分类以及处理方式就多达 518 种，正是这些细节决定了这个城市的文明高度和人居适宜度。

除此之外，日本人在教育方面，也很注重从小事抓起。在小学阶段，他们会提问学生，长大后的理想是哪些。有的男孩想做驾驶员，有的女孩想做保洁员，这些并不是孩子没有远大理想的表现，而是他们就是觉得保洁员很好，是城市的美容师，日本的教育鼓励孩子们大胆地尝试去做自己喜欢的事情。所以，在日本，一个人一辈子做一件事的情况有很多。

例如，有一家咖啡店，老板 101 岁了，他做了 63 年的咖啡。还有一个 80 多岁的老人 30 多岁开始学习煮饭，50 多年他就认真把一件事做好，那就是把白米饭煮好。后来，他自己开了一家饭店，每天去他们家买饭的人，要排很长的队。这个老人就是村嶋孟，他是日本家喻户晓的“煮饭仙人”，他煮出的米饭被尊称为“银饭”。由于村嶋孟在年轻时曾经食不果腹，所以，在他的认知中，可以吃到一碗热腾腾的白饭，就是人生一大幸事。为此，他对米饭的感情尤为笃深，他至今仍沿用古法蒸米饭，清晨取水、选米、泡米 40 分钟、用力淘米搓去外层影响口感的单粒淀粉，生米下锅，先小火，后转大火。他烧米饭不用电饭锅，“煮饭仙人”每天凌晨四点钟就要开始准备当天的厨房工作，如此坚持了几十年之久。

2016年，村嶋孟背着自己的老锅来到了北京。为了煮出中国最好的米饭，村嶋孟花费心思反复尝试，根据中国大米作物的特点改良技艺。他在北京的家中，用炉灶进行了反复尝试，当他将大米的浸泡时间从日本时的40分钟延长为一个半小时后，终于在2017年的3月，第一次煮出了受其认可的白米饭。在村嶋孟公开演示的体验现场，揭开锅盖的瞬间，一锅白米饭喷香四溢、米粒光泽饱满。凝神驻守在灶台前的村嶋孟，须鬓皆白，安静地专注于每一个动作，雾气缭绕中确有“仙人”之感。在现场吃过白米饭的人，无不啧啧称赞。

像村嶋孟这样的“工匠”，在日本社会广受推崇，有日本媒体形容，每当他在蒸气腾腾的厨房中，赤裸上身坚守在白米饭锅旁控制状况时，就犹如一尊捍卫日本稻米文化与料理传统的雕塑般巍然矗立。日本的神奇工匠还有很多。现如今快节奏的生活更容易让人们浮躁，甚至心急，于是衍生了各种快文化，而真正要把事情做好，还是需要慢功夫，需要把每个细节做到极致。

（五）勇于承担责任

在我们的潜意识中，一想到责任，就会把它理所当然地划分到道德的范畴，道德行为就属于责任的范畴。每一个在道德上有价值的人，都是有所承担的人，只有物才不负任何责任。人为何要承担责任，从而实现自己的道德价值，甚至还要为此付出自己的宝贵生命，这是值得我们思考的问题。

“仁义之心、善恶之心、恻隐之心、是非之心”是孟子在形容人时所倡导的，孟子的主张昭示了善良意志，因此，想要体现善良意志，就要敢于承担责任。“股东利益最大化”是传统企业固守的目标，无论企业进行哪一种行为，前提都是要符合这一企业目标。近年来，企业在寻求扩大规模、追求股东利益最大化的过程中，屡屡出现问题，如污染环境、拖欠工资、服务低端等，这样一来，不仅对企业的长远发展造成了威胁，也损害了企业相关方的共同利益，与此同时，因为这些问题而损失了大量的社会成本，这对于社会的和谐稳定发展也是十分不利的。针对这些情况，一些企业纷纷成立社会责任委员会，如百度、交通银行等，他们不再只是寻求利润，还对社会责任给予了高度重视。

其实，企业生存的市场环境和制度环境都还需要进一步完善，企业要想获得更高利润，需要和利益相关方进行一定的交易和合作，换言之，企业在发展的过程中，不能只是片面追求股东利益的最大化，这样做的后果是，既造成了社会责任的忽视，也对其他利益相关方的利益造成了损害。“股东利益最大化”的企业目标对企业承担社会责任造成了一定的约束，这种企业目标会让企业陷入一种被动的环境，也无法形成一套有效的社会责任承担机制。

例如，由于特殊的地理环境，中国是一个自然灾害频发的国家，当自然灾害发生的时候，一些企业只是选择对个别自然灾害进行捐助，而缺少一种固定的灾难救援机制。由此可见，企业的这种社会责任是对社会问题的被动回应，而不是企业本身做出的主动反应。在这种情况下，一些企业就会有选择地承担社会责任，社会压力大时就较多地承担社会责任，社会压力小时就逃避承担社会责任。不仅如此，有的企业还出现一面承担社会责任，一面违反社会责任的矛盾行为。

其实，企业承担社会责任，不仅是社会责任的一部分，也和自身的切身利益息息相关。真正的危机从来不会从外部袭来。只有当我们漠视用户体验时，才会遇到真正的危机。因此，企业只有兢兢业业、勤勤恳恳为用户提供服务，将用户的利益放在重要的位置，才能真正赢得顾客的拥护与尊重。

企业社会责任存在着巨大的价值，它不仅对企业的利益相关方和社会创造了无穷的价值，也为企业自身的长远发展带来了发展价值。通过自觉承担社会责任，企业不仅能提高员工效率、改善部门关系、调节内部影响，还会在社会上树立良好的口碑，产生良好的品牌效应，从而创造出巨大的企业价值。由此可见，企业承担社会责任不仅不妨碍追求利润的目标，还会对自身发展产生巨大的帮助，这种“互惠共利”的双赢机制，对于企业和社会而言都十分有意义。因此，自觉承担社会责任是企业应该具有的使命。

例如，除了强调核心技术，格力非常关注可持续发展。从“好空调，格力造”到“格力掌握核心科技，让天空更蓝，大地更绿”，到现在的“让世界爱上中国造”。格力的每一步成长，都对自己提出了更高的要求，并视社会的可持续发展为企业的责任。在产品研发上，节能省电的“1 赫兹低频控制技术”已应用于格力全部家用空调产品，“光伏直驱变频离心机和多联机系统”则把“不用电费的中央空调”由梦想变为现实。

同时，格力也一直在发展北方地区的“煤改电”制暖项目，并且不断推出净水机、空气净化器等健康生活电器。鲜为人知的是，格力还先后在长沙、郑州、石家庄、芜湖、天津投资建设了五家绿色拆解基地，倾心打造循环经济，为创建资源节约型和环境友好型社会不懈努力。如今的格力，靠着“创新技术”“严控质量”“诚信为本”的三条原则，正在走一条可持续发展的“让世界爱上中国造”之路。相信，在这样的原则下，格力能发展成为一家持续百年的品牌企业。

另外，公益事业也是企业经营的重要组成部分，这不仅帮助企业自身树立良好的形象，也及时遏制了社会上的不良之风。正是因为有企业站出来做道德楷模，才让那些不道德的企业从大众的视野中慢慢消失，才不至于让社会的道德水平不断下滑，与此同时，创造良好的社会道德环境也为企业自身的发展带来了良好的生存氛围。经济、法律、伦理和福利都是企业应该自觉承担的责任，值得注意的是，企业所拥有的财富是一种向社会借来的财富，这不仅不需要炫耀，企业还应该想办法对社会进行回报。

（六）遵循客观规律

一个企业要想基业长青，就得遵循企业发展的客观规律，并对它怀有敬畏之心。天地之所以能长久存在，是因为天地顺应自然而生存，而不是单纯为自己而生，所以能长久。一个聪明人因为无私，所以反而能成就自身的伟大。其实一个聪明的企业也是如此。例如，在商业模式策划实战专家史石头的眼里，无论是企业经营，还是市场营销，都要遵循一定的发展规律，只有牢牢把握市场需求，时刻保持对市场、消费者、对手和合作伙伴的敬重，才能帮助企业生存和发展。

1. 敬畏竞争对手

在营销竞争中，任何行业都会面临激烈竞争，这种竞争可能是给对手的打击，也可能是“竞合”，这就涉及对企业家人品的考验，也是对带有企业家性格的企业是否能够长久发展的考验。在企业的营销活动中，不仅要讲究竞争，更多的应是寻求合作，共同维护市场的健康繁荣和消费者的信赖。在企业竞争中，不落井下石不仅是为了尊重对手，也是给自身企业的发展提供更加广阔的空间。

2. 敬畏消费者

消费者是企业谋求发展时需要考虑的重要问题，换言之，企业想要快速成长，就一定不能忽视消费者的巨大作用，只有领先消费者半步，才能赢得先机。如果要想领先行业，在发展过程中，企业家对政治、经济、市场、消费者的敏锐观察力至关重要。纵观那些成功的企业家，无论是海尔还是娃哈哈，都是在牢牢把握住消费市场的基础上获得成功的。

无数的事件说明，忽视消费者的企业，最终都会走向失败。过去，曾经家喻户晓的部分明星企业，因为仅仅从企业发展的角度去进行产品营销，既不注重产品开发，也不对消费者的需求予以重视，这样一来，这些企业走下坡路似乎也是意料之中的事。

例如，腾讯在市场上占据着领头羊的行业地位，拥有广阔的用户，这些成绩得益于腾讯始终把用户体验放在第一位。很多用户表示，腾讯产品能给自己带来生活便利和快乐，“以用户为中心”是腾讯一直以来的初心，只有拥有这份初心，才能使得做出的成绩经得住时间的考验。网友们之所以选择腾讯，是因为腾讯QQ陪伴着自己成长，在腾讯QQ软件里面，不仅能得到农场的快乐，还能和很多同学畅聊，其实，随着时间的流逝，腾讯QQ并不仅仅是一种简单的沟通软件，而是维持人与人之间感情的桥梁。

总而言之，如果每个企业都始终秉承“顾客为中心”的观念，就不会有企业因为质量原因而屡次向消费者道歉的情况，更不会有企业因为质量问题而倒闭。换言之，消费者是支撑企业发展的最重要力量，忽视消费者的企业，最终也会被消费者抛弃。

3. 敬畏法律与环境

随着时代的发展，中国的经济也在高速发展，这时候，有很多人都会选择冒险游走在灰色地带，特殊的时代环境造就了他们的短暂成功，但随着中国法律越来越完备，那些妄想打擦边球的人必然会慢慢走下坡路。

由此可见，企业想要在激烈的竞争中谋求生存和发展并没有错，但如果违背了相应的行业政策和相关的法律法规，就必然受到法律的制裁。

企业要想在竞争激烈的现代社会中拔得头筹，最基本的还是尊重行业法律法规，维持企业的良性发展。

养生十分讲究敬畏自然，敬畏宇宙中的一切生灵，尤其劝人把心回归到自然中去。其实，这个道理放在企业中也一样适用，企业应该对生存的环境、公众等怀有一颗感激之心，因为这些外在氛围是帮助企业生长的重要条件。

这是一个互联网时代，如果能利用好这个大的时代环境，就可能创造不可估量的商机，但需要指出的是，想要成功，需要的是实干精神，需要的是能够脚踏实地做事的企业。那些妄想利用非法手段夺取用户、打击对手的公司，最终都不会获得长久发展。

（七）遵守知行合一法则

我们把企业在日常运营中形成的价值观念、经营作风、道德规范、经营准则、企业精神、发展目标等要素称为企业文化。一般而言，这些要素要富有独具一格的企业特色，并为全体员工所认同和遵守。实践出真知，事物本质和道德意识都只有在实践中才能被充分展现。看似光鲜亮丽却徒有其表，终究会被时间击败；只有脚踏实地的行动才可能将道德意识转换为道德行为并带来成功。由此可见，知是行的前提，行是知的关键，要想成功就要及时将意识转换为行动，利用行动改变自己。

知行合一的启示对企业文化建设大有裨益，中国企业在建设企业文化时往往陷入一个误区，他们把企业文化简单等同为口号、标志等宣传手段，除此之外无更多内在价值。长而往之，“喊”文化取而代替“做”文化，这会慢慢损害企业，让企业逐渐失去特色和人文情怀。

每个人都渴望成功，但是，绝不可能为了成功而不择手段，如果想通过欺骗、背叛来获得成功，这一切都是不现实的。即使侥幸获得了成功也都是暂时的，是空中楼阁。所以，做人先要做到真诚，只有具有了真诚的品质，才能获得真正的成功。

例如，李嘉诚在刚刚创业不久的时期，曾经就因为产品的质量问题给自己的公司带来了空前的危机，很多客户都纷纷要求退货，而且银行也开始向他催款，各方面的压力扑面而来。面对这种情况，李嘉诚做出了一个艰难的决定——裁员。公司的前途堪忧，整个公司人心惶惶。在那些日子里，李嘉诚的心情郁闷到了极点，每次回家见到自己母亲的时候总是强颜欢笑，而细心的母亲知道自己的儿子遇到困难之后，就向李嘉诚了解情况。当母亲听完李嘉诚的叙述之后，与嘉诚谈心，在李嘉诚母亲的认知中，真诚是为人处世之根本。一个人做人先要真诚，作为领导者更不能不真诚，真诚一定会博得大家的原谅和理解。

于是第二天，李嘉诚就召开了全体员工大会。在会上，李嘉诚做了非常深刻的自我批评，而且还真诚地告诉员工，正是由于自己的经营不善，才导致公司今天的困境。李嘉诚真诚地向每一位员工道歉，希望能够得到他们的原谅，而且还保证自己以后会与大家同舟共济，绝不会以损害员工的利益来保全自己。当时很多员工都被李嘉诚的真诚而深深打动了，纷纷主动站出来帮助李嘉诚出谋划策，最后也正是在大家的共同努力下，长江实业才走出了困境，蓬勃发展起来。

知行合一，是明朝思想家王阳明提出来的。知，指科学知识；行，指人的实践。知行合一是指，认识事物的道理与实行其事是密不可分的一回事，客体应当顺应主体。中国古代哲学中有关认识论和实践论的命题，主要是关于道德修养、道德实践这两个方面的。因而，在中国古代哲学家的认知中，一个人不仅要拥有认识，而且应当去实践，只有把“知”和“行”统一起来，才能称得上“真”，即所谓的知行合一。

如果要想建设好企业文化，首要问题就是解决形式主义，杜绝“喊”文化的现象盛行。企业要想获得成功，要将企业文化和管理实践有机结合，将商业伦理践行到实际行动中来，真正做到知行合一。中国企业在建设企业文化时，要注重将企业文化发展为一种空气和氛围，只有这样才能在潜移默化中发挥企业文化的强大作用，才能让文化在企业建设中展现深刻的影响。

在当下，我们将公司改造客观世界，以及自身主观想法的实践活动称为企业形象塑造，不论是公司的形象战略、调查、设计、塑造，还是传播、评估，都需要将理论和实践有效结合，只有将二者相互融合、相互推动，才能将脑海中的理想蓝图变为客观现实。值得注意的是，知行合一不仅帮助企业塑造形象，而且有利于企业形象的完善，从而产生优秀“品牌”效应。

中国现代企业文化的重塑以及发展，首先，可谓是中西结合，其根本土壤仍然是优秀的传统文化，除此之外，也在不断吸收外来先进文化，在立足自身的基础上解放思想、寻求突破；其次，中国企业文化的重塑需要重新构建信息网络，让管理模式更加科学化和合理化；最后，信息技术的飞速发展导致社会信息化程度不断加深，在市场上流通的产品，不再只是物化的劳动，更承载了一种深刻的企业文化。

“知行始终不相离”在王阳明的思想中占据了重要的位置，这句话简明扼要地讲述了知行之间的因果关系，恶念有恶果，良知生善行，它启示我们在日常生活中，要讲究实事求是，致良知，行善事。如今，企业的社会效益不断提高是有目共睹的，但是，与此同时，完善对企业社会责任的多层次理解也是必不可少的，如物质层次、社会层次。

（八）运用工匠文化支撑工匠精神

工匠精神的传统色彩十分浓厚，但是，并不代表着这是一种落后文化。反之，在科技不断进步的现代社会中，工匠精神被看作是提升产品价值的重要武器，对我国从制造大国转变为制造强国发挥着十分重要的作用。众所周知，工匠精神讲究对产品精雕细琢和追求卓越，但是，这并不是工匠精神的全部内涵，工匠文化才是支撑工匠精神长盛不衰的重要因素。随着时间的流逝，人类的历史被慢慢掩埋，但当我们认真回顾，我们会发现工匠的踪迹，他们凭借古老的手艺和作品，在历史长河中留下了不朽的印记。

生活留给人类很多的财富，工匠文化无疑是其中最重要的一笔财富。例如，有一位工匠，他培养徒弟有自己独特的规矩，他告诉自己的徒弟，“修业报告”是每天下班后必须要做的事情，他提倡大家用“修业报告”来反思自己一天工作中的好坏得失。利用这样的方法，不久之后，工匠的徒弟就很快成长起来了。由此可见，工匠文化不只是对技术的一种追求，而且是一种被传承的生存规范，和技术一样具有重要的价值。换言之，艺境和心境是相互连接在一起的，所以，通过技艺就能看清楚一个人的人品。如果想要洞悉工匠文化的特征并不难，我们真实看到的每一个令人难忘的艺术品和技术，他们背后都有非常深刻的故事和回忆。

例如，作为“海派首饰”的始创者的老凤祥银楼，其之所以百年品牌不倒，就在于其有着海派文化的创新之魂，坚持不断探索首饰业新材料、新产品、新技术和高附加值的“三新一高”之路，消费者称之为“牌子老，款式新，工艺精，信誉好”。由此可见，匠心需要文化孕育，工匠精神有赖工匠文化的支撑。

我国的很多作品中都对工匠精神给予了很高的称赞，也彰显了工匠精神的漫漫发展路。

在现代生活中，我们要想开拓辉煌的文化领域，就要返本开新，从古老的文化源头出发，厚植工匠文化。质量之魂，存于匠心。要大力弘扬工匠精神，厚植工匠文化，恪尽职业操守，崇尚精益求精，培育众多中国工匠。文化的最终成果是人。

人的国籍、肤色、地位、职业不同，但是，其“文化构成”绝对是独具特色的。只有工匠文化的土壤才能培育出工匠精神的花朵。消费者信奉德国制造、美国制造、日本制造的原因，是因其把产品制作与个人信仰和荣辱观念结合在一起，世世代代的坚持努力才成就了今天的品牌口碑，匠人不仅有着高超精湛的技艺，还代表着所有文化艺术领域的艺术家及艺匠们，他们甘愿为自己从事的事业淡泊名利、不断创新。厚植工匠文化的方法如下。

1. 构建支撑工匠精神的物质文化

如今，供给的丰富和市场竞争的激烈，将自动驱使企业追求品质和品牌。培育精益求精、消费者至上的工匠精神，关键在于厚植市场竞争的土壤，加快市场化改革进程，打破市场壁垒和垄断。如果行政垄断格局依然存在，甚至在某些领域日益盛行，工匠精神就很难普遍出现。

2. 构建支撑工匠精神的行为文化

一方面要鼓励消费者的“挑剔”行为，因为压力也是动力，而“马马虎虎”“差不多”的消费行为，则会间接纵容企业在构建工匠精神上的不作为；另一方面，要教育和鼓励人们养成良好的个人习惯，只有处处讲究，才会有精神，处处“将就”，工匠精神中的“讲究”难有立锥之地。

3. 构建支撑工匠精神的管理文化

精益求精、消费者至上的工匠精神，应该成为企业管理中最具体的、最核心的目标以及信念。只有把顾客放在第一位，才能真正实现为企业创造价值的目标；只有把商品和服务做到极致，才能把附加值做到最大。我们的工匠精神还不够，可能我们过于注重变通，而忽略了专注的重要性。过于灵活其实很难生产出那种高精尖质量的产品。很多时候，固守某种程式，看起来有机械的地方，其实大智若愚，而且那些生产过程是不可复制的。例如，四川郫县（现郫都区）的老工匠杨明富，修葺杜甫草堂茅屋20年，从17岁开始学艺，盖了一辈子茅草屋，他坚守每一道工序，包括选料、季节考量、用料等都严格把握。其工艺本身往往是只可意会不可言传，一旦得到真传，则“文化”便随之而来。

在工业时代，想要更好地培育工匠精神，还需要对相应的经济政策进行调整。进行柔性化生产、提高产品品质、创造令消费者信赖的品牌等，这些都是不得不提的政策目标。

在过去，我们在生产衬衫、袜子、打火机等一些产品的时候，大多采用的是产品单一和低成本的生产模式，这其实是一种“福特主义”的生产特征。在早期时候，中国在进行此类生产时确实发挥了一些其中的优势，但与此同时，一些弊端也展露在大众面前，例如，资源浪费和产品低端等。

如今，这是一个互联网时代，“福特主义”的生产模式很显然已经不适应现代生活，因此，“后福特主义”将取而代之。那么如何更好地创造“后福特主义”，答案是：不可忽视技术和工人技能这些重要的因素，技术和工人技能甚至是整个生产的核心。由此可见，工匠精神是互联网时代进行个性和创造性生产的灵魂。就日本而言，他之所以能快速地突破美国的福特主义，创造出丰田生产等一些进步的生产模式，恰恰是传承了工匠精神。

4. 构筑支撑工匠精神的体制文化

政府对市场体系的管理规范才能促成工匠精神、工匠制度的确立。例如，如果市场秩序混乱，侵犯知识产权的情况没有得到处理，假货制造商没有得到应有的处罚，就可能纵容这类行为再次发生，最终，市场中可能充斥着假冒伪劣产品。所以，政府必须严格地监管市场竞争者。中国的很多行业应该整合政府、企业、社会的力量，尽快形成制假必重罚的机制；移除“重利轻义、重量轻质”的思维，建设支撑工匠精神的良好的体制文化。

5. 构筑支撑工匠精神的价值观文化

工匠精神的价值观是层次最高的文化形态之一，它需要国家进一步的肃清“学而优则仕”观念的影响，给予所有工匠最高层面的大力鼓励和实质性的长期激励，尤其是那些一线劳动者，应在精神上与物质上都给予他们应有的尊重。“工匠文化”里应充满着平等意识与快乐理念。中国人缺少工匠精神和工匠文化，与制度设计中长期轻视动手能力的培养、轻视技术技能人才的地位和作用有直接的关系。

探索建立企业首席技师制度，试行年薪制和股权制、期权制，让工人技师也有地位及不俗的身价，是鼓励实体经济复苏、抑制社会浮躁、恢复崇尚实业和技术技能的良好风气的开始。现在工匠精神强调主观能动性，与此同时，也强调开放性和共享性，这和传统的工匠仅仅强调技术大不相同。例如，秋山利辉的《匠人精神》就十分清楚地指出了信息共用的重要性，信息共用不仅能够让大家顺利工作，而且能够让大家放心。

在互联网时代，制造技术与数字技术相结合，开放参与和大众参与相结合，这是两大不可逆转的趋势。例如，通用技术公司（GE）的Predix平台对所有的工业互联网开发者开放，无论是厂商还是个人开发者，都可以利用这个平台进行自主研发，除此之外，这个平台可以帮助大家对复杂的系统进行更新和开发，也可以帮助大家将复杂系统的开发和个体创新的贡献相互连接在一起。这就反映了一种开源精神，表现了对个人贡献的认同。

又如，在斯蒂文·韦伯创作的《开源成功之路》中，对开源精神进行了一番精彩的描述，开源精神和匠人精神对照，不难发现，在工业化时代，这两种精神对于我们都很重要，而开源精神对于我们理解工匠精神的文化和内涵也起着重要的作用。“匠心独运”是工匠精神在文化上的反映，在古人眼里，“文心”就是一种“匠心”。

信息化社会，人们的要求越来越高，以精细化为主要特征的工匠精神逐渐成为文化创造的主要思想。对于文艺创作也是一样的道理。我们的文艺创作者只有具备精益求精的精神，才能够打造好的文艺作品。由此可见，工匠精神和文艺精品是相互连接在一起的。那么同样的道理，社会中的各行各业也都应该秉承工匠精神的观念。例如，罗振宇是大家熟知的自媒体红人，他在总结互联网时代的工匠精神时，用了一个词——死磕。换言之，工匠精神就是对完美永不放弃的追求。

除此之外，如果想要更好继承工匠精神，少不了对生活的浸泡和淬炼。纵观历史，我们可以发现，著名的能工巧匠大都是来自坊间，他们经过很长时间的锤炼，才能够拥有熟能生巧的技艺。对于文化创造也是同样的道理。文化创造，不能够只是闭门造车，这会让他们的作品缺乏生活色彩；也不能只是走马观花地体验生活，这会让文艺作品显得空洞无味。我们提倡文艺作品要接地气，换言之，文艺工作者要像工匠那样沉下心去，注重观察生活细节，在生活中去获得文化和艺术的感悟。

第三章　工匠精神培育与传承发展

第一节　工匠精神培育的重要性

“在高校教育阶段，培养学生的工匠精神具有极其深远的现实意义”①。从古至今，工匠精神一直改变着世界，是一个国家生生不息的源泉。在科学技术迅速发展，信息化日新月异的今天，工匠精神仍然是重要的思想资源和强大的精神动力，对新时代工匠精神的培育具有举足轻重的时代价值和重要的现实意义。而且中国经济正在步入新常态，以前发展依托的种种优势也正在失去，重塑新时代工匠精神确实有其必要性。

一、利于工作主体实现自我价值

劳动是劳动者的脑力和体力的支出，通过劳动创造物质财富和精神财富，是人类文明进步的源泉，而劳动者又是整个生产过程中的主体，在生产力发展过程中起主导作用。只有劳动力与生产资料相结合，才能为社会创造出物质财富和精神财富，并且在生产过程中不断提高和促进自身的全面发展。在新时代劳动者仍然是社会发展过程中的重要细胞，而新时代工匠精神的培育又可以不断地促进工作主体自我价值的实现。

现代化科学技术的不断发展，机器化生产模式的大量普及，客观上极大地提高劳动生产率，促进了社会经济的发展。但同时在一定程度上影响了劳动者的向内发展，使工作成为一种简单地、机械地的重复，职业者失去发展的方向和动力。对于制造业可能就是面临着不顾质量只在意产量，不仅降低的产品的质量，而且从业者也会失去工作的热情。现在新时代工匠精神的重塑可以从精神层面唤起工匠，启发工作者的主动性和创造性，为工作者提供清晰的方向和强劲的精神动力，这样就可以调动从业者不断发挥热情和聪明才智，积极投身于中国特色社会主义的各项事业中，并在其中实现工作主体的自我价值。

① 仝其宾，刘俊杰，吴梦雪．高校工匠精神培育路径研究 [J]. 产业与科技论坛，2021，20（24）：123.

（一）工作主体价值规范

新时代工匠精神的培育为从业者提供了职业价值观的指导，指明了职业发展方向。

第一，新时代工匠精神为从业者提供了从业的价值观，对从业者起到价值规范作用。弘扬新时代工匠精神不仅可以为各行各业提供价值观的引领，而且可以为产品的品质从精神层面提供保障。

第二，新时代工匠精神为从业者指明了方向。新时代工匠精神把实体经济和虚拟经济的职业发展好坏都落实到产品或者作品的品质上，以产品或者作品的质量的好坏来评价从业者事业的发展程度。在这样的评判标准下，从业者就可以聚精会神地投入产品和作品的质量上。

（二）工作主体价值实现

第一，新时代工匠精神的长期培育有利于为从业者提供动力。在许多实业中，从业者缺乏动力和热情，一方面由于机械化大生产的发展，使得许多从业者处于了流水线重复劳动的地位；另一方面正是处于流水线的地位，那么，对于劳动者而言，涉及升迁的机会较小。在这样的情况下，不断弘扬和培育新时代工匠精神，并且明确从业者的价值大小通过产品的品质的好坏来衡量，好的产品品质就是对从业者工作价值的认可，这样也就解决了从业者这精神层面的茫然化。因此，通过弘扬和培育新时代工匠精神，为从业者制定新的价值评价体系，赋予了从业者职业发展的热情和动力。

第二，产品是工作者自由意志的表达。工作者可以对整个工作过程有完整的掌控，这样产品就可以根据工作者的意志去构建，渗透在作品中的是工作者自我价值和想法的表露，体现了工作者对于世界的认识和体会，工作者的自我价值观、世界观和人生观通过作品实现了客观外化，得到了表达。工作者秉持工匠的态度去做事，工作就不会再是为了完成任务痛苦的事情，而是自我情感和态度的投入。工作过程变成自我生命活动的展开，工作本身就成为一种生命外在的表达。自我的价值依赖于思想、劳动，外化为作品。因此，在工作过程中能够获得真正的满足感。

第三，新时代工匠精神的培育，在为从业者提供了动力的过程中也实现了从业者自身价值的提升。各行各业的发展都需要人才，各国之间的竞争，说到底是人才的竞争和较量，各行各业都需要培养和拥有大批具有新时代工匠精神的“大国工匠”。千万的劳动者是支撑我国经济发展和升级的核心力量，只有拥有新时代工匠精神的“大国工匠”的不断增多，才能促进我国经济的加快转型和升级。

因此，新时代工匠精神的不断弘扬和培育，人才的涌现，不仅可以为我国的发展提供丰富的人才资源，而且还会全面提高产品和作品的品质。从而使得社会经济发展过程中人才资源占优势，在国际竞争中也会占据优势，这也为我国社会主义现代化强国的实现提供了不竭的动力。当然在社会经济发展的过程中，从业者自身的劳动素质也得到不断地提升，从业者自身的人身价值也会得到真正的实现。

第四，新时代工匠精神建立了人与物的感情。在传统的手工业中，产品的整个构思和完成的过程中，保留了匠人的劳动痕迹，是匠人思想的凝华和集中表达。对于匠人而言，产品就不仅仅只是商品，更成为艺术品，是匠人声誉、道德品格的代表。消费者拿到的不仅是一个产品，而是一个和工匠进行思想交流的艺术品，通过产品可以感受到工匠的工作痕迹，通过产品展现出的细节，可以真切地感受到匠人的专注和精益求精。

每个产品都独一无二地展现匠人自身的特质，是人性的流露。而现代化的生产确实为人们提供了丰富的产品，但同时可以看到的是，这些产品都是标准化、单一化的复制品，缺乏产品的独特性和人情味，消费者难以感受到制造物带来的亲切感。产品丰富已经不再是吸引消费者的点，因此弘扬和培育新时代工匠精神，有利于工匠的觉醒，使商品更加个性化，独特化，商品不仅仅是一种货物，更是一种精神和体验的传递和交流。

二、重塑新时代工匠精神的文化

新时代的发展包括政治、经济、文化等全方位的发展，而其中文化发展中对公民文化素养的不断提高，不仅会对个体的综合素质和终身发展产生深远持久的影响，而且对整个社会的发展也具有不可忽视的重要作用。因此，在中国特色社会主义发展的新历史阶段，培育新时代工匠精神重塑做事文化必不可少。“做事”和“文化”在日常生活中经常用的日常用语，实际上可以推出“做事文化”的内涵，做事就是实践，那么做事文化就是实践文化，也就是人们在做事和实践也就是文化的孕育和产生过程。

随着社会主义市场经济的不断发展，我国各方面飞速发展的同时，也出现了许多不良的社会风气，这些对人们的做事文化造成了影响。现在处于中国特色社会主义新时代，人们肩负着中华民族复兴的伟大历史责任，这就需要人们重塑良好的做事文化，而新时代工匠精神，又包括爱岗敬业、精益求精、钻研创新等，这些因素对做事文化具有重要的作用，因此培育新时代工匠精神对新时代的做事文化的塑造具有重要的作用。

第一，纠正“重眼前，轻长远”。实用价值就是以显现的有用性来衡量一个事物的价值，这种实用理性其实一直存在于传统文化中，而且在中华民族发展的长久历程中，实用理性一直强调生存至上，也产生了重要的作用。因此，弘扬和培育新时代工匠精神对纠正“重眼前，轻长远”的错误导向具有重要的意义，树立正确的价值导向，培育更多的“百年老店”，从思想根源上推动新时代历史使命的实现。

第二，彻底移除“差不多”。新时代工匠精神一直推崇和秉持的理念是精益求精，这与现时代社会中许多人秉持的“差不多”精神形成了鲜明的对比，因此只有大力的弘扬和培育新时代工匠精神，才能从“差不多”意识的根部将其彻底移除。因此，新时代工匠精神的培育在一定程度上可以纠正实用价值，彻底移除“差不多”，促进整个做事文化的重塑和健康发展，良好的做事文化对新时代中国特色社会主义的发展具有重要的推动作用。

三、践行新时代下的工匠精神

（一）新时代“敬业”工匠精神的践行

在社会主义核心价值观里个人层面的要求中，“敬业”是对公民职业行为准则的价值层面的评价，具体要求公民尽职尽责、克己奉公、服务社会，充分地体现社会主义敬业精神。敬业的重要性是由劳动的重要性决定的，劳动是一切人类社会精神财富和物质财富的源泉，敬业则是对劳动过程中的勤勤恳恳的工作态度的高度概括，只有在工作中做到兢兢业业，才能出色完成工作，实现个人的人身价值，对社会也做出相应的贡献，敬业对推动和促进社会的发展具有重要的作用。

而新时代工匠精神的基本内涵中，爱岗敬业是新时代工匠精神的本质体现，责任心是新时代工匠精神的核心等，都生动体现了新时代工匠精神是从业者的职业价值取向，是任何从业者都应遵循的职业道德和职业价值观。新时代工匠精神要求具有强烈的责任感，只有认真负责，才能做到精益求精。

由此可见，新时代工匠精神强调的职业精神与社会主义核心价值观中在个人层面对个人职业精神要求的“敬业”是一致的，也就是新时代工匠精神是对社会主义核心价值观的具体化，是对社会主义核心价值观的培育和践行。

（二）新时代“诚信”工匠精神的践行

在社会主义核心价值观中“诚信”强调的是公民诚实劳动、信守承诺，也是社会主义道德建设的重点内容，其实“诚信”是我国传统文化中一直传承的道德传统，“无信不立”就是指一个人如果不讲诚信，不守信用，在社会中是很难立足的。诚信被大多数人认为是社会需要有的普世价值观，只有个人讲诚信，获得他人信任，才能建立良好的社会关系，它是良性社会关系建立的保障。现在社会主义核心价值观的不断培育和践行，可以减少社会矛盾，促进社会良好风气的形成。

新时代工匠精神作为一种以产品和作品品质为价值导向的职业价值精神，它要求从业者恪守职业道德，爱岗敬业、精益求精、坚忍执着、钻研创新，这本身就是让产品品质更加有保障，产品更加有保障也就是从业者诚信的具体体现。因此，新时代工匠精神的培育也很好地体现和践行诚信，那么也就培育和践行了社会主义核心价值观。

四、推动新时代历史使命的最终实现

新时代工匠精神要围绕新时代的历史使命开展弘扬和培育，凝聚中华儿女共筑中国梦，艰苦奋斗，砥砺前行，争取早日实现新时代的伟大历史使命。而新时代工匠精神强调的精益求精和钻研创新的精神理念有利于我国经济发展方式从粗放型经济转向集约型，推动中国经济的转型和升级，并且新时代工匠精神的弘扬和培育有利于推进中国制造向制造强国迈进，实现我国经济根本上转型、升级，不断地提高我国在国际上的影响力，逐步实现中华民族的伟大复兴。

（一）新时代工匠精神促进经济转型

第一，中国经济的转型和升级必须依靠钻研创新、精益求精的新时代工匠精神理念，加快促进经济发展方式转变。“培养崇尚劳动、敬业守信、精益求精、敢于创新的新时代工匠精神，对实现我国经济结构转型升级、提质增效有着重要的意义”[①]。因此，在转变经济发展方式过程中，应当坚持科学发展为主题，加快转变经济发展方式为主线，不断适应国内外经济形势的新变化。坚持实施创新驱动发展战略，自主创新，增强创新驱动发展的动力。不断弘扬和培育新时代工匠精神，使经济的发展可以更多依靠科技的进步和劳动者素质的提高以及管理的不断创新等。

第二，中国经济的转型升级离不开中国制造业的强盛，中国从制造大国向制造强国的转型，更好地推动中国经济的转型升级。在未来的中国制造转型的阶段，中国应当大力发展制造业，就必须不断的弘扬和培育新时代工匠精神，在产业模式层面不断践行新时代工匠精神精益求精、钻研创新，实现产业模式的技术化、精细化、高端化。要想继续保持竞争优势，实现制造强国的目标，就要培养中国的职业人才，而这种职业人就应当具备工匠精神。

（二）新时代工匠精神领导人们走向世界

中华民族的历史任务就是高举中国特色社会主义的伟大旗帜，深入贯彻落实科学发展

① 常文峰 . 工匠精神培育路径探析 [J]. 安徽工业大学学报（社会科学版），2018，35（4）：54.

观，加快推进社会主义现代化，实现中华民族伟大复兴。中华民族的伟大复兴，不仅指国内建设的全面开展，同时表明人们应当以更加强大的形象屹立于世界民族之林。而新时代工匠精神的培育和践行，不仅可以促进实业经济的发展，也可以重塑新时代做事文化，促进我国民族振兴，提高我国的国际地位。在我国自身强大的同时，为世界贡献自己的力量，承担大国责任，促进世界的和平与发展。

第二节　工匠精神培育的策略

一、深化学习，明晰新时代使命

通过深化学习，不断明晰新时代工匠精神培育的使命，实现更好地研究和培育新时代工匠精神，主要从丰富学习形式、深化学习内容、营造学习氛围的角度进行深化学习，具体内容如下：

（一）丰富学习形式

学习是开展一件事情的重要前提，是圆满完成一件事的首要的部分。开展新时代工匠精神的培育需要强化学习，深入学习，为开展新时代工匠精神的培育奠定良好的基础，而丰富的学习形式又为强化学习和深入学习提供了保障。开展丰富多彩的学习形式，促进全方位、深入地、系统地进行新时代工匠精神的学习和培育。

（二）深化学习内容

在过去很长时间里，工匠精神只是被定位于传统手工业的历史阶段，或者是中国古代农耕时期的木匠、铜匠、石匠，等等。但是随着时间的推移，更重要的是新时代的历史坐标中，工匠精神得到了不断推进和向前发展，具有了爱岗敬业、富含责任心、精益求精、坚忍执着、钻研创新的新内涵，而且对工匠精神对新时代的价值和现实意义有了重新解读。

因此，在新时代弘扬和培育工匠精神也应当深化学习，不断学习工匠精神在新的历史方位下的新内涵，学习工匠精神在新时代的时代价值和现实意义，不断丰富和深化新时代工匠精神的学习内容。只有深化学习新时代工匠精神，达到全面系统地了解新时代工匠精神，在弘扬新时代工匠精神中做到有理有据，切实落地，深刻地理解新时代工匠精神的重要价值。

深化学习的关键就是深化学习内容，全社会应当积极倡导和学习新时代工匠精神，通过丰富多彩的学习形式，不断深化新时代工匠精神的新内容，弘扬和培育新时代工匠精神，让新时代工匠精神切实起到作用。依托社会主义核心价值观不断深入学习，在中华民族伟大复兴的实践中深化学习和落实新时代工匠精神。

（三）营造学习氛围

良好的氛围是成功的重要环节，弘扬和培育新时代工匠精神需要营造良好的社会氛围，让全社会形成自己学习新时代工匠精神，积极弘扬新时代工匠精神的良好气氛。工匠精神在许多强国中都起到重要的作用，而且植根于中华民族的历史文化中，具有丰厚的历史内涵和新时代的时代内涵。

为了弘扬和培育新时代工匠精神，应当在全国范围内不同省份和市区开展全面系统深入的学习新时代工匠精神的群众性活动，通过对新时代工匠精神系统深入的学习，营造良好的学习氛围，让广大群众自觉践行和弘扬新时代工匠精神。使得广大的干部和群众对新时代工匠精神的时代内涵、时代价值有着丰富深刻的认识和理解，准确到位地把握新时代工匠精神的实质，提高广大群众践行和弘扬新时代工匠精神的自觉性。

二、加强教育，实现时代优秀传承

新时代工匠精神作为一种重要的优秀的精神文化，能够影响人们的认识活动、实践活动、思维方式，通过加强宣传教育可以让人们更加深入地、正确地认识新时代工匠精神的时代内涵和价值，转变思维方式，积极主动地弘扬培育和践行新时代工匠精神，促进新时代工匠精神的传承。文化对人的影响有潜移默化和深渊持久的特点，不断加强对新时代工匠精神的宣传教育，有助于形成全社会重视新时代工匠精神的良好氛围。新时代工匠精神的不断宣传教育可以丰富人的精神世界、增强人的精神力量，提高人们的思想道德素质，促进人的全面发展。

三、保障使命，构建激励导向机制

（一）构建激励机制

激励机制是指通过特定的方法和管理体系，对个人或者组织进行激励，并且力求这种激励机制通过多种手段使其规范化和固定化，与激励客体形成相互促进的合力。激励机制包括精神激励、薪酬激励、荣誉激励、工作激励。在弘扬和培育新时代工匠精神的过程中就应当很好地利用机制，让机制更好地服务于新时代工匠精神的弘扬和培育，建立激励机制，更好地促进新时代工匠精神的弘扬。

政府和企业都应当利用好激励机制，对于生活中或者是工作中的榜样模范给予精神激励或者物质激励，在各行各业中积极践行新时代工匠精神的先进组织和个人进行奖励，给予荣誉和相应的政治社会待遇。通过这种激励的方式变相地刺激其他人积极效仿和努力，使得弘扬新时代工匠精神的效果最大化，树立正确的价值引导，引导社会形成良好的弘扬新时代工匠精神的社会氛围。

总而言之，弘扬新时代工匠精神的过程中应用激励机制，力求强化人们的某些行为，使得新时代工匠精神的爱岗敬业、富含责任心、精益求精、坚忍执着、钻研创新的精神内涵固化到人们的生活和工作中，更好地弘扬和培育新时代工匠精神。

（二）构建导向机制

价值观就是人们在认识各种具体事务价值的基础上，形成对事物价值的总的看法和根本观点。价值观对人们认识世界和改造世界的活动具有重要的导向作用，价值观对人生也具有重要的导向作用。价值观不同，人们在面对公义与权利等矛盾时，做出的选择也不同。在弘扬新时代工匠精神过程中，也应当建立的价值观的导向机制，树立正确的价值观，新时代工匠精神的内涵必须与新时代的时代特点相符合。在实现新时代的伟大目标，即中华民族的伟大复兴的征程中，人们应当永远高擎中华民族的精神火炬，铸造民族的精神支柱，为中华民族的生存和发展强基固本。

因此，新时代工匠精神作为一种精神力量，必须与中华民族精神保持一致。中华民族精神的核心是爱国主义，因此，在弘扬新时代工匠精神的过程中，应该把爱国主义上升为民族特色的精神，内化为人们的价值观。在弘扬任何精神的过程中都应当以爱国主义为基本的前提，把爱国情感放在首位。在弘扬新时代工匠精神的过程中，也要以爱国主义为前提，作为培育新时代工匠精神的基础和保障，当然只有以爱国主义为前提，才能达到弘扬和培育新时代工匠精神的目的，也才能实现中华民族的伟大复兴。

总而言之，弘扬新时代工匠精神也应当与时代精神相符合，时代精神的核心是改革创新，而且新时代工匠精神本身的内涵也包括钻研创新，因此，在弘扬和践行新时代工匠精神的过程中，更加应当秉持时代精神的改革创新的核心。工匠精神的培育对社会发展具有重要的意义，但是，在工匠精神的培育和弘扬过程中，许多都是集中在高校、制造业等层面上，事实上工匠精神在新时代的大背景下对中华民族的伟大复兴具有更为重要的作用。

第三节　工匠精神的教育传承与发展

作为一种职业价值信念、行为习惯和精神表达的工匠精神，它的具体内涵和特点会随着社会环境的变化而改变。社会主义建设初期，工匠精神在国家加速工业化进程的背景下形成了其特殊内涵。而改革开放40多年以来，伴随着国家工业化进程和现代文明的塑造，工匠精神的内涵愈加丰富，它在保持传统优秀品质的同时，更加富有现代气息和时代风貌。工匠精神的传承与发展，既积极回应了时代发展潮流，同时又在历史进程中发挥了重要作用。

一、工匠精神的教育传承与发展要求

工匠精神孕育于我国传统工匠文化之中，是工匠优秀品质的凝结，在国家的建设和发展过程中发挥着重要作用。改革开放以来，工业化道路的发展和创新、市场经济的发展和完善、精神文明的建设和提升，都要求工匠精神实现传承与发展。

（一）工业化道路发展创新的要求

工业化程度是衡量一个国家综合国力的重要指标，无论是提供百姓日常生活所需，还是打造国之重器、发达的工业都是其不可或缺的前提条件。经过实践和发展，中国的工业化水平突飞猛进，工业化建设成绩世界瞩目。但是新的问题也随之而来。在经济全球化深入发展、科学技术日新月异的背景下，以环境和资源的高投入为基础的低端制造业越来越成为国民经济发展的阻碍。新的更高的工业发展标准，要求增强工匠精神的时代内蕴。在社会主义现代化进程中，当代工人弘扬工匠精神，必须更加注重其创新性要求。各行各业都要把创新摆在日常工作的重要位置，形成能创新、善创新的时代风尚。由工业大国走向工业强国，由制造大国走向制造强国，这是一个技术创新、匠艺积累、财富汇聚的过程。

（二）市场经济健康进行发展的要求

随着社会主义市场经济体制建设的推进，企业家们对市场经济的机遇充满渴望和乐观，成为这种背景下最突出的社会心理倾向。他们利用低价格要素的比较优势，不惜代价地发展工业、制造业，迅速扩大了生产能力和市场份额。在国际上，中国越来越多的工业品具有了强劲的市场渗透力和规模扩张力，“中国价格”也越来越具有横扫国际市场的影响力和消费者亲和力，从而影响着工业竞争的世界格局。社会主义市场经济建设成就斐然，中国正在以更加强有力的竞争姿态站在世界历史的舞台上。

但是，中国制造业面临的现实问题，例如，迄今为止，中国制造业的竞争力仍然主要来自低价格优势，以自主创新为基础的竞争优势明显不足，能够在世界舞台上占据一席之地的中国品牌并不多等，这些问题都对中国制造业转变经济发展方式、调整市场经济布局提出了新的要求。同时，在社会主义市场经济之下，人们竞相追逐经济利益，对良好社会风气的形成产生负面影响。因此，实现市场经济的健康发展，不仅要继续发扬工匠精神内含的爱国敬业、练技修心、精益求精的品质，同时还要赋予其新的时代特色和现代内涵，让工匠精神融入现代人的生产生活，从而成为促进市场经济健康发展、改善社会风气的重要动力。

（三）社会精神文明层面建设的要求

改革开放以来，社会主义精神文明建设逐渐成为社会发展的一项重要课题。弘扬艰苦创业、开拓创新的精神品质，是社会主义精神文明建设一以贯之的要求，它在不同的时期呈现出不同的表现形式。如今，中国迎来了发展的重要战略机遇期，更加需要艰苦创业、开拓创新的精神品质，民族精神的培育成为文化建设极为重要的一项战略性任务，其目标在于帮助全体人民在世情、国情的深刻变化中始终保持昂扬向上的精神状态。

实现中国梦必须弘扬中国精神。这就是以爱国主义为核心的民族精神和以改革创新为核心的时代精神。为了巩固改革开放的伟大成就，应对世界范围内的各种文化相互激荡和科学技术的迅猛发展，战胜前进道路上的一切困难和挑战，必须实现中国人民精神状态的新的跃升。作为一种具有时代性的精神，工匠精神内在地饱含着爱国主义和改革创新的精神要求。因此，在改革开放时期，实现工匠精神的创新发展，是社会主义精神文明建设不断推进的时代诉求。让工匠精神融入精神文明建设过程中，激励中国人民继续为社会主义现代化建设而奋斗，同样是工匠精神实现传承与发展的重要目标。

二、工匠精神的教育传承与发展特性

工匠精神自古以来就存在于人类社会之中，就时间角度而言，不同的时代工匠精神具有不同的内涵。传统的工匠精神，指的是手工业者专注于本行业，力求造就精湛手工艺品的精神。现代意义上的工匠精神，则体现了工艺与价值的双重塑造。在改革开放的伟大实践中，工匠精神的教育传承与发展的开拓性、包容性和创新性都得到了进一步增强和升华。

（一）开拓性

随着社会主义市场经济体制逐步确立并不断完善，政治体制改革深入进行，政府大力倡导民主和法治，积极推动人民的思想实现解放，促使国家的发展面貌和人民的思想状况都发生了翻天覆地的变化，“改革”也成为中国社会发展前进的关键词。而现实社会的改革实践，必然会反映到社会意识层面。工匠精神作为社会意识层面的内容之一，其形成和发展必然会受到社会现实的影响，多年来的改革实践就为其增强了开拓性。

伴随着经济体制的改革，市场经济蓬勃发展，涌现出了一批极富开拓精神的民营企业，在许多重要行业和关键领域铸就了“中国制造”的世界名牌。例如，“华为”就是其中的杰出代表。“华为”从最初一家小小的通信设备企业，经过多年的发展，成为中国民营的领军企业和世界知名的大品牌。它在许多关键领域已经处于世界领先水平，尤其是第五代移动通信技术（5G）的开发和应用，实现了多个“世界第一”。以“华为”为代表的众多优秀企业，在继承工匠的优秀品质的同时，勇于改革，敢于开拓，为改革开放的伟大事业不断添砖加瓦。工匠精神的开拓性内涵随着改革开放的深入进行不断得到丰富和发展。

（二）包容性

传承发展是工匠精神的题中应有之义，因此工匠精神本身具有包容性的特质。但是，工匠精神诞生于传统的生产状态，相对而言较为封闭，同时，由于中国传统社会根深蒂固的“家传”观念，使得这种包容性并不突出。工匠精神的包容性在改革开放的伟大实践中得以发展和升华。

改革开放40多年以来，中国对外开放的力度不断增大，设立经济开发区、沿海开放城市，制定外商投资的相关政策和法律法规，鼓励中外合作办厂，积极引进西方资金、设备和手段等。在对外开放的背景下，工匠精神的包容性也有了更深刻和更广泛的内涵。从纵向而言，改革开放时期的工匠精神继承了传统工匠精神的核心要义；从横向而言，工匠精神更加具有国际视野和开放的胸怀。对外开放的不断扩大，让工匠精神的国际视野尤为突出。

随着中国大门的敞开，国人开始把眼光投向世界，从而越来越注重对国外生产技术的学习和钻研，奔赴世界各地进行学习成为潮流。工匠精神是在不断地交流和学习过程中，吸收好的技术和经验，融会贯通、实现超越。因此，工匠精神的包容性特点在对外开放的实践过程中得到升华。

（三）创新性

工匠精神就饱含着创新的内涵。中华人民共和国成立后，在众多科技工作者的努力下，我国有了许多创新性成就，诸如氢弹、导弹、人造地球卫星等国防科技成果。在改革开放的实践中，中国科学技术水平有了质的飞跃。科技的发展使人们重拾，并且放大了工匠精神的创新特质，同时，又对创新提出了更高的要求。多年来，在广大科技工作者和劳动人民的努力下，中国的工业制造和科学技术在许多领域都实现了创新性发展，载人航天、互联网大数据、生物科技，等等，实现了从无到有、从有到优的根本性转变。坚持创新发展，是改革开放实践得出的正确结论，是在现代站稳脚跟的必由之路。

当前，经济发展新常态给中国带来了新的发展机遇，成为实现中国经济转型升级的重要契机。供给侧结构性改革，大众创业、万众创新，新发展理念，创新驱动发展战略等，这些新政策、新理念，无不瞄准着创新这个时代航标。技术创新需要人才，只有一大批技能型人才，才能支撑起中国创新战略的发展。如果要建设知识型、技能型、创新型劳动者大军，弘扬劳模精神和工匠精神，营造劳动光荣的社会风尚和精益求精的敬业风气。懂技能、善创新的劳动者队伍是建设创新型国家的基础。科学技术日新月异，要赶上时代步伐和世界潮流，必须要把创新这一特性放在重要位置，各行各业的劳动者都要用精益求精的态度追求革新创造。

改革开放新阶段的工匠精神又增添了许多新的时代气息。全面建成小康社会，实现社会主义现代化，打造人类命运共同体等，这些发展目标又进一步丰富了工匠精神的内容和特点。在新时代，围绕实现中国制造 2025，互联网 +，大众创业、万众创新，必须大力弘扬工匠精神，既要以精益求精的态度练好基本功，又要以追求卓越的心态提质增效，从而为攻克世界核心技术和先进工艺设备，提升智能制造、绿色制造水平提供有力支撑。

第四章 工匠精神融入高校教育管理的思考

第一节 高校教育管理的理论分析

一、管理的基本认知

（一）管理的特点

1. 价值导向较为鲜明

我国的政体是人民民主专政的社会主义国家，我国高等学校的目的是培养专门人才为社会主义建设服务。所以，我国的高校学生管理一定要坚持价值导向的引导，也就是要求学生坚持社会主义思想。高校学生管理的价值导向具体体现在以下三个方面。

（1）目标管理。人类实践活动的基本特征之一就是目的性。人的实践活动基于一定的需要对实践对象的属性及变化趋势有着一定的认识和判断，这就是目标管理目的，体现着其价值观念。同理，高校学生管理也有目的性。价值观念和价值追求贯穿高校学生管理的整个过程，都是基于一定的价值观念确定和设计的，都贯穿和体现着一定的价值观念和价值追求。所以高校学生管理的价值导向既引导、激励和评价着大学生的日常行为，同时引导、激励和评价着管理者的管理行为，还引导和促进大学生形成正确积极的价值观。

（2）理念管理。高校学生管理理念是社会价值体系的体现，指导着高等学校学生管理的思想、原则、方法。高校学生管理中往往贯彻和体现了社会先进的价值观。

（3）制度管理。有效的高校学生管理拥有科学而又严密的规章制度，规章制度的设计和执行标志着高校学生管理规范化、制度化和法制化，也是高校学生管理规范化、制度化和法制化的基本保证。而管理规章制度是人们制定出来的，制定的人受一定的价值观念影响，制定出的制度也就具有一定的价值导向，具体表现是，大学生需要做的事情与不能做的事情，哪些行为受到鼓励和提倡，哪些行为被反对和禁止，怎样的行为和表现会被奖励，怎样的行为和表现会被惩罚等。高校学生管理制度中的这些规定无不体现着鲜明的价值导向。

2. 教育功能较为突出

由于高等学校人才培养工作的重要部分就是高校学生管理，所以高校学生管理具有管理和教育双属性，且更偏重教育功能。

（1）高校学生管理作为高校为达成目标而实施的特殊管理活动，所以其目标必然与高校的目标相一致，且服从和服务于高校的目标。高校的目标就是实现大学生教育目标，促进学生圆满完成大学学业，换言之，大学生跨进大学之门的目的就是接受大学教育。所以，高校学生管理的目标必须为大学生教育的目标服务。

（2）教育方法在高校学生管理方法体系中具有突出的作用。教育方法是包括高校学生管理在内的现代管理活动中最广泛使用的一种基本手段。这是因为，一切管理活动都离不开人，而人是有思想的，人的活动总是由一定的思想意识支配的。任何管理活动都要坚持思想领先的原则，注意做好人的思想工作，通过影响人的思想去引导和制约人们的活动。而高校学生管理作为大学生教育和培养工作系统中的一个重要组成部分，也就必然要更加注重运用教育的手段，以增强高校学生管理的实效性。

（3）高校学生管理过程就是教育大学生的过程。高等学校的工作核心就是教育和培养专门人才，所以一切工作都要围绕教育学生来展开，都应当对大学生有良好的教育和影响作用。而高校学生管理的理念是以人为本、民主法制、公正和谐，采用的管理方法是民主管理、依法管理、科学管理，其内在遵循教育规律和管理规律，遵循从学校和学生的实际出发，实事求是的科学精神和哲学规律，这一切都潜移默化地影响着学生。

例如，高校学生管理过程为促进大学生成长成才而制定了各项规章制度，这些制度会引导大学生思想，激励大学生前进，规范大学生行为。另外，高校学生管理人员的情感、态度和言行也会影响大学生，是大学生的表率和示范。由此可见，高校学生管理的过程就是大学生教育的过程，直接关系着大学生思想品德的形成与发展。

3. 系统工程较为复杂

管理活动具有整体性、层次性、动态性和开放性，作为系统工程的高校学生管理一样具有，同时，高校学生管理又是特殊复杂的，所以，高校学生管理是很复杂的系统工程。

（1）高校管理的复杂体现在任务复杂

第一，一方面要以大学生学习为中心任务，管理和引导学生学习行为和实践活动；另一方面要关注大学生的健康成长，管理并且引导学生的日常行为，包括交往行为、消费行为、网络行为等，还要做到及时发现、校正并且妥善处理学生的异常行为。

第二，一方面要管理和引导大学生现实群体，包括学生班级、学生党团组织、学生社团和学生生活园区；另一方面不能放松网络为平台形成的虚拟群体管理和引导。

第三，一方面要加强校园内的安全管理和引导；另一方面指导和督促大学生在校外的安全。

第四，一方面为调动学生的学习积极性，要面向全体学生做好奖学金评定工作；另一方面要资助好家庭经济困难学生，帮助其顺利完成学业。

第五，一方面要引导新生制订科学的职业生涯规划，帮助其明确努力的目标；另一方面要为毕业生提供就业、创业指导和服务，使其找到合适的岗位，能够充分实现自我价值。由此可见，一层层，一面面，在大学生专业学习和日常生活的每个环节，都有高校学生管理的任务，也就是高校学生管理贯穿于大学生培养工作的全过程，任务繁多、复杂、艰巨。

（2）高校管理的复杂也体现在高校学生个体特征的复杂

高校学生管理的对象是大学生，而大学生人数众多，又个性鲜明，具有很大的差异性，管理起来具有复杂性。他们有各自的生活条件和生活经历，所以，即使是同一个年级、同一个专业、同一个班级，也会有着不同的精神世界和思想感情，包括气质、性格、兴趣、爱好和习惯等，使得学生的思想行为也有着不同的特点，管理运用的方式也应因人而异。

（3）高校管理的复杂也体现在大学生成长受到复杂的多种因素影响

促进大学生的健康成长是高校学生管理的根本目的，可是影响大学生成长的却不只是高校管理一项因素，所有与大学生的学习、生活、活动和交往有关的环境因素，都会影响大学生的成长。所以，大学生的成长还受复杂的外部环境因素影响。所以在进行高校学生管理时，管理者要善于正确地指导大学生的学习和生活，能够正确认识和有效调控各种环境因素，使其尽可能对大学生的产生积极影响，对其消极影响做好防止、抵御和转化。当然，这项工作十分复杂。

4. 管理的专业性极强

高校学生管理传统上是经验性的事务型工作，而高校学生管理对象和内在规律的特殊性及其特有的方法体系逐渐被认识，决定了必须形成高校学生管理专业视角、使用专业方法、形成专业研究模式。现在的高校学生管理工作专业性极强。

（1）高校学生管理的内在规律特殊。高校学生管理自身具有特殊的矛盾，就是以社会对专门人才的需要为参照标准，对大学生的行为要求与大学生实际行为情况之间有矛盾。这一矛盾存在于一切学生管理活动，存在于一切学生管理过程，是高校学生管理全局的决定因素。这一矛盾既是高校学生管理的基本矛盾，又是高校学生管理的特殊矛盾，使之与其他社会实践活动有所区别。为解决这一矛盾而开展的特殊社会实践活动就是高校学生管理。高校管理具有管理和教育的双属性，所以，高校学生管理既要遵循管理的一般规律，还要不同于其他管理活动。既要遵循教育的一般规律，也要区别于其他教育活动，这就需要专门探索和研究高校学生管理的特殊规律，揭示这种规律也是高校学生管理理论研究的任务。

（2）高校大学生管理的管理对象特殊。大学生是高校学生管理的对象，有些显著特点与一般管理对象不同。

第一，大学生自觉能动性高。大学生的特点是自主意识强、独立意向突出、智力发展水平高，且多崇尚独立思考，希望自主自治。在高校学生管理过程中，大学生具有管理对象和积极活动主体的双重身份。对于管理的要求和规章而言，对于管理者施加的指导和督促而言，他们总要经过思考，做出自己的评价、选择和反应。而且，他们会主动地参与管理活动并自觉地接受管理，甚至达到自我管理。所以，在高校学生管理中，激发和引导大学生的自觉能动性是一项很重要的工作，要充分将他们引导到高校学生管理的目标上来，使他们的需求和高校学生管理的要求相一致，使其能够主动接受管理，并且积极进行自我管理。

第二，大学生处于成长和发展关键时期。大学生既不同于少年儿童、又区别于成人，正处于世界观、人生观和价值观形成的时期，在思考、探索和选择过程中，逐渐形成正确的世界观，人生观以及价值观即心理日趋成熟但没有完全成熟，智力发展迅速，情感丰富，有很强的自我意识，同时心理矛盾较大，例如，理智与情绪的矛盾、自我期望与自身能力的矛盾等。他们的思想活动具有显著的独立性、敏感性、多变性、差异性和矛盾性。大学生处于即将走上社会，进入职场、全面参与社会劳动实践的关键时期，有着巨大的发展潜力，各个方面蕴藏着极大的可能。所以，高校学生管理要针对大学生的特点，切实加强大学生指导和服务的力度和科学性，促进大学生健康成长，身心良好发展。

第三，大学生的主要任务是学习，并能够在教师的指导下进行自主学习的人。学习是大学生的首要任务，大学生的学习是在教师指导下、遵守特定的制度和规定，有目的、有计划、有组织地进行。大学生学习有很强的自主性，可以在学校的有关规定下自主地选修课程，也有大量自主支配的课外学习时间，换言之，对于大学生的学习而言，科学的学习方法很重要，高度的学习自觉性和有效的自我管理也同样重要。所以，高校学生管理要以大学生的学习任务为中心，加强指导和管理大学生学习行为。

（3）高校学生管理有独特的方法体系。高校学生管理对象和管理规律的特殊性，决定了高校学生管理的方法体系也是特有的。高校学生管理工作涉及面广，综合性强，所以需要管理学、教育学、心理学、社会学等多方面的理论方法和技术作为其方法体系的基础。但是，高校学生管理的方法体系又不是这些学科方法和技术的简单拼凑和机械相加，而是需要在系统掌握这些学科理论、方法和技术的基础上，针对高校学生管理的特定对象，根据高校学生管理的特殊规律和实际，有机地综合地加以运用，形成自己特有的方法体系。

（二）管理的原则

1. 自主性原则

大学生只有自主参与并配合管理，管理者的管理工作才能够顺利完成，所谓的坚持自主性选择实质上是指让大学生切切实实地参与到管理中去，不断激发学生的主观能动性并且培养学生的创新能力，最终实现自主管理。高校学生管理遵循自主性原则，由两方面决定，具体内容如下。

（1）有利于育人目标的实现。管理的目标是育人，这就要求将外在的行为规范转化为内在的思想观念，从而支配管理对象的行为。学生如果不能够参与到其中，就很难充分发挥主观能动性，学生管理工作就很难继续开展，实效性会降低。

（2）有利于满足学生自主管理的现实需求。自改革开放 40 多年以来，我国经济飞速发展，人们的生活水平不断提高，社会主义制度日益完善，教育改革和教育管理已经成为热议的话题。现代化社会伴随着各类信息的高效传达，绝大多数高校在读大学生已经受到了传统市场经济的影响，在日常的学习生活中，自主管理意识不断增强，个人管理能力不断提升。对于高校而言，坚持自主性原则可以从以下方面着手。

第一，为学生创造出全新的管理平台。此管理平台可以由班长、学习委员、团支书、辅导员共同携手打造，为学生营造良好的管理氛围，不仅可以大幅增强班级凝聚力，还可以充分调动学生管理的积极性，这种全新的管理模式可以使学生切实地参与其中，进而达到预期的管理效果，让学生能够真正实现自我约束与管理。

第二，树立学生的管理意识，增强学生的管理能力。高校只有为学生不断创造良好的学习与生活氛围，学生才能够更快适应并遵守学校的规章制度，进而增强自我管理的能力。

第三，学校应当重视对于学生自主管理的教育工作。所谓的学生自主管理，并不是完全摆脱学校规章制度的束缚，而学校更应该重视对于自主管理的教育，才能够使学生自主管理达到最佳的效果。

2. 方向性原则

高校学生管理坚持方向性原则，是涉及培养怎样的人、如何培养人的根本性问题。高校学生管理是高校办学的重要方面，是学校育人环节的重要部分。在大学生管理过程中，坚持方向性原则显得至关重要，此原则不仅能为高校指明教学方向，还能够起到很好地调节高校运行的作用。坚持方向性原则就要求高校在确立管理目标时一定要遵循教育教学方针以及法律法规。此原则也作为高校管理过程中的一大基本原则，高校只有始终坚持此原则才能够向更好的方向发展，才能够在学生管理方面取得显著成效。坚持方向性原则不仅是社会发展的需要，更是多年实践所得出来的结论。

（1）加强管理者的政治意识。在管理高校学生的过程中，始终将确立学生管理的政治方向作为首要任务，管理学生的过程实质上就是服务社会、服务阶级的过程，因此坚持方向性原则很有必要。在不同时代背景以及社会发展情况不同的高校，学生管理所采取的方式方法、教育教学理念均存在较大差异。从整体上分析，目前在高校学生管理过程中，高校对于学生的政治方向以及情感价值取向并不是非常重视，这样的管理就严重缺乏方向性。因此，增强管理者的政治意识对于高校坚持方向性原则而言十分重要，只有管理者具备优秀的政治意识，才能够将其渗透进教学，进而使得管理更具有方向性。将政治意识带入教学活动、校园生活中，才能够不断培养大学生的政治意识，最终帮助大学生投身于国家建设之中。

（2）按时代需求调整管理目标。培养学生的政治意义以及价值取向并不是高校管理的全部目标，高校还需要按照社会发展的需要及时对管理目标做出一定的调整，最终培养出为人民、国家服务的人才。在不同时代背景下，国家所面临的形势存在较大的差异，不断调整教育管理目标十分关键。目前发展是社会的主旋律，坚持以经济建设为中心的发展理念始终不变，高校在调整高校管理目标时要以国家当前形势为主线。

3. 激励性原则

高校管理过程中需要坚持激励性原则，所谓的激励性原则实质上，是指通过一定的方式方法促使学生的思想发生一定的变化，充分调动学生的积极性并发掘其无限潜能。激励性原则可以使得高校管理的氛围更为轻松，也更容易被越来越多的大学生所接受与认可，因此，坚持激励性原则在高校管理中占据重要地位。激励的效果取决于在激励过程中采取的手段、方式能否针对大学生的发展实际、能否满足大学生的需要、能否在大学生内心形成自我激励的内在动力等。因此，在高校学生管理中贯彻激励性原则，需要做到以下三个方面：

（1）运用适当的激励手段。为了能够更好地调动学生的积极性以及培养学生的创新能力，进而充分发掘他们内在潜能，高校就需要运用正向激励手段，所谓正向就是要具有一定的科学性以及合理性，这种正向激励大致可以分为两种：一种是物质上的，主要指实物，物质利益的需求和满足是人生存和发展的一个必备条件。实质性的激励更具有诱惑力，更容易激发学生的兴趣并且充分调动学生的激励性。另一种则是精神上的，口头表扬与称赞就是典型的精神激励，这种激励手段可以给予学生强大的精神力量，增加学生的自我认同感以及自豪感，有助于学生潜能的激发。无论是物质上的激励还是精神上的激励，对于学生而言，都具有一定的促进运用，合理运用正向激励手段可以使高校管理达到最佳效果。

（2）在管理中树立典型，通过榜样进行激励。除了运用正向激励手段外，还可以在管理中树立典型，通过榜样来激励学生，让学生先从学习榜样做起，最后能够成为榜样。

（3）采取情感激发的方式。在高校管理过程中，渗透进一定的情感对于管理而言显得格外重要，感情在发酵的过程中会对学生起到一定的促进作用。所谓的情感激发式实质上是要求管理者应当与学生保持赤诚之心、关心学生、坦诚相待，进而达到最佳的管理效果。如果管理者不能够与学生和谐共处，学生就会产生消极情绪，管理起来就会更加困难。

4. 发展性原则

发展性原则主要涉及两方面的内容：①促进学生全方位、多角度地发展；②管理工作不能停歇，要不断更新与发展。社会正在飞速发展，政治经济以及社会文化都在发生着翻天覆地的改变，外界环境的变化对于高校管理影响重大，高校的管理制度要想紧跟时代步伐并且适应社会的发展，就必须深化改革，完善与调整管理制度。坚持发展性原则，首先，需要树立一定的发展意识；其次，需要推动管理进一步发展，当然还需要合理利用资源，下面将展开具体论述。

（1）树立发展意识。思想决定发展方向，树立并具备一定的发展意识有助于形成优秀的管理模式。在传统的管理模式中，管理者不能与学生建立友好的管理关系，总是想掌控学生，将管住学生作为管理的首要任务。但是从管理效果来看，传统的管理模式会让学生更容易产生消极情绪并且对于学生的发展而言没有任何促进作用。随着社会的不断进步，管理模式的改革与创新显得尤为重要，坚持发展性原则并且将促进学生全面发展作为管理的第一要务。发展观念的转变必须结合社会的发展，满足社会的需求，以新的发展观念指导管理决策，设计管理计划，谋划学生的全面发展。

（2）推动管理创新。通过管理促进学生全面发展，进而实现最佳的管理效果。发展的过程实质上就是不断创新的过程，推动管理创新，才能够紧跟时代步伐。创新是当今社会的主旋律，学生管理制度的不断创新，无论是对于管理者还是学生而言，都将是一场全新的挑战，可以不断提升学生的能力，促进学生全方位发展。当今社会正在飞速发展，政治、经济以及文化都在发生着日新月异的变化，为了使大学生能够不被社会淘汰并且能够适应社会发展，保持原有的管理制度远远不够，而推动管理创新在当今社会就显得格外重要。在多元的时代中，只有不断创新与完善才能够承担起时代所赋予责任。

（3）促进学生发展。管理与服务学生始终作为高校管理的重要工作，在日常生活中，管理学生实际上远远要多于服务学生。在管理学生的过程中，应当供给学生更多的帮助、就业扶持、心理疏导等，只有这样才能够使学生更好地服从管理以及不断向前发展，无论是创新能力还是主观能动性都能够得到进一步提升。统筹教育资源，学校的各个部门相互配合、紧密联系，给予更多学生生活上的帮助以及就业方面的帮助，更有助于促进学生的全面发展。

（三）管理的职能

所谓管理，是指管理者为了有效地实现组织目标、个人发展和社会责任，运用管理职能进行协调的过程。管理职能是管理者在实施管理中所体现出的具体作用及实施程序或过程，将管理的职能分为以下方面。

第一，计划职能，是指管理者为实现组织目标对工作所进行的预先筹划活动。它包括调查与预测、制定目标、选择活动方式等一系列工作，其主要表现形式为方案和计划书。任何管理者都有计划职能，高层需要制订战略计划，基层需要制订战术计划。换言之，计划职能是管理者的首位职能。从管理过程的角度看，计划是整个管理周期的起始环节，其重要性不言而喻。

第二，组织职能，是指管理者为实现组织目标而建立与协调组织结构的工作过程。组织职能一般包括：设计与建立组织结构，合理分配职权与职责，选拔与配置人员，推进组织的协调与变革等。组织职能常常通过组织系统图和工作说明书体现出来。在现代社会，几乎任何管理活动都必须依托一定的组织来进行，因此，组织职能被视为管理的根本职能。

第三，领导职能，是指管理者指挥、激励下级，以有效实现组织目标的行为。领导职能一般包括：选择正确的领导方式，运用权威、实施指挥，进行有效沟通，激励下级、调动其积极性等。领导职能是通过领导者与被领导者的互动表现出来的。领导主要处理的是人的问题，因此，管理学家一般都认同领导是管理活动中一种高层次的职能。

第四，控制职能，是指管理者为保证实际工作与目标一致而进行的活动。控制职能包括制定标准、衡量工作、纠正出现的偏差等一系列工作过程，通过对计划执行情况的信息反馈和纠正措施表现出来。没有控制，就没有管理。因此，控制是管理活动必不可少的职能。

第五，创新职能，是指管理者为适应环境的变化，对计划、组织、领导、控制等职能进行变革，以更有效的方式整合组织内、外资源去达成组织目标的活动。创新职能并没有特定的表现形式，它总是在其他管理职能的所有活动中来表现自身的存在与价值。从管理的动态角度来看，创新职能在管理循环中处于轴心的地位，成为推动管理活动的原动力。

（四）管理的技巧

高校学生管理技巧，是指在管理活动中为实现管理目标、保证管理活动顺利进行所采取的工作方式。管理方法是管理过程中不可缺少的运作工具，它来自管理实践，而又与管理理论的形成有着密切的关系。

管理技巧是在管理原理以及理论不断延伸具体化出来的，是管理原理在整体指导活动过程中的纽带与连接线，管理理论想要在实践活动中发挥实际作用，就需要依托于管理技巧的实施。管理技巧在管理理论与原理中所起到的作用与影响是不可替代的。管理技巧不断地借鉴各种科技理论与实践活动后，已经逐渐独立出来并自成管理体系。伴随着管理方法的逐渐完善，高校的学生管理技巧也在不断更新发展，目前已经成为比较全面完整的体系。

1. 运用教育方法

教育是指按照一定的目的、要求对受教育者从德、智、体诸方面施加影响的一种有计划的活动。高校学生管理中的教育方法，主要是指通过深入细致的思政教育，激发大学生的积极性和主动性，引导大学生的思想和行为，以实现高校学生管理职能的管理方法。教育是管理的基本方法之一，因为，管理的中心是人，而人的行为总是受一定的思想支配和制约的。因此，在管理中就要注意做好人的思想工作，通过影响人们的思想去影响人们的行为，从而促进组织目标的实现。而高校学生管理作为大学生教育和培养工作中的一个重要组成部分，更要注重运用教育的手段，以增强高校学生管理的教育性。教育方法具有以下方面的特性。

（1）启发性强。教育方法重在通过通情达理的说服，启发大学生认同学校教育与管理的目标，并把个人的目标与学校教育与管理的目标紧密结合起来，从而使大学生能够自觉地遵循大学生行为规范，积极主动地为实现学校的教育与管理目标而努力。

（2）对教育对象有极强的示范性。高校学生管理的目的在于促进大学生的全面发展，使其个性得到张扬和完善。在这个过程中，高校学生管理工作者的言传身教、人格魅力对大学生起着重要的示范作用。

（3）教育手段具有潜在性。大学生思想教育是一个春风化雨、润物细无声的过程，是一个全身心投入、彼此产生共鸣的过程，因而具有潜在性的特点。

（4）对教育对象的影响具有长效性运用教育方法，可以帮助和引导大学生树立正确的世界观、人生观和价值观，从而对他们的行为起到持久的引导、激励和规范作用。

2. 运用法律方法

高校学生管理需要运用法律方法来实施，其法律方法主要是指指定学校规章制度以及规范时要依托法律规范性质，通过法律规范来调节高校的学生管理制度以及各种体系之间的关系，从而达到规范学生活动的效果。高校学生管理之中涉及的法律相对比较多。例如，国家所颁布的关于学生管理的有关法律法规制度等，涉及各地方政府根据各地具体情况所提出的各种条例规章等，都是关于高校学生管理且有相应法律效力的文件。法律实施方法不仅仅只是单纯的法律法规，同时，还包含着各地的仲裁以及司法等工作。两个环境相互作用，法规依托于司法和仲裁来发挥实际作用和效力，当然如果只有仲裁与司法而缺少相应的法规也不可行。管理方面的法律方法主要有以下特性。

（1）严肃性。想要制定相应的法律法规，就需要严肃地以法律法规的既定程序为依据，法律法规颁布以后基本上不会随意更改。法律法规具有严肃性，不会因为个人行为而有所改变。司法工作同样具有严格性，必须通过严格的执法工作来维护法律的尊严。

（2）规范性。法律和法规具有很强的规范性，约束所有组织以及个体的整体行为。法律和法规的制定解释只有一种，其含义阐释非常严格，用语严谨。而且两者之间不能有相应的冲突存在，法律高于法规，宪法高于法律。

3. 运用经济方法

经济方法主要是通过各种经济实施方式来调节各种经济利益关系体，从而取得更高的经济以及社会方面效益的管理方法。在高校学生管理之中，奖学金以及罚款等，是学校管理的主要经济方法。奖学金的设置主要是激励学生，一般是由政府、社会或者学校自身组织的物质方面的奖励活动。这种经济手段主要是刺激在校学生完成目标，通过一系列的对比评选以及后期奖励激发学生的个人潜力以及调动其自身积极性，同时，还可以通过对优秀学生的奖励以及肯定等，更好激励在校其他学生，以达到学校学生全面进步的目的。当然设立奖学金时要有规范性，能表达学校管理对各大学生的厚望与激励，这也是引导高校学生更集中精力向目标努力的方式之一。

罚款属于经济手段中的经济惩罚，主要是针对违反学校各项管理制度的高校学生，旨在减少其造成的危害。高校可以通过罚款来约束在校学生的行为，但是，在制定罚款条例时也要有适当的理由，制定金额也要切合实际，不可以单纯运用罚款的方式来替代思政教育，避免引起学生不公。奖励与惩罚最重要的一点就是严明，奖罚有原因，奖惩有制度。只有制定合理的奖学金制度与罚款制度才能真正地达到管理效果。经济手段具有如下特性。

（1）利益性。经济方法是通过运用追求利益性的特性间接地影响被管理人员的方式，主要是运用利益体系来使被管理者主动地去寻求自身利益。

（2）关联性。经济方法具有很强的关联性，因此，其作用的范围比较广泛，不同的经济手段影响不同，作用效力也有差异，影响甚广。经济方法的影响力也是非常长远的，后期效果也比较不好预测。

（3）灵活性。经济方法具有灵活性。不同的管理体系需要使用不一样的管理手段去实施。当然，在同样的管理对象或体系之中，也可以针对情况的变化来采取不同的管理方式。

4. 运用行政方法

高校管理的技巧之一便是运用行政手段，也就是说需要组织权威的依托，通过命令以及规定或者条例规范等方法以强制性和遵守为前提条件并按照相应的行政管理系统来指挥工作的管理方式。行政方法指的是运用行政体系里面的职位差异来管理的方法，其强调不同的职位有不同的职责与职权，但并不属于个人特权。行政方法实际上就是政治权威的行驶与实施，主要有以下特性。

（1）权威性。行政方法所依托的基础是管理机构和管理者的权威。相对应地，管理者权威性越大，则指令的收到效率越大。行政管理的首要条件便是将各领导层的权威增大，这也是提高行政方法得以有效实施的保障。高校的管理人员想要有权威性，需要增强自身的素质与品质，使自己变得更加卓越才能让学生信服，强化权威时不能只依靠职位。

（2）强制性。针对的管理对象不同，行政权力机构做出的指令及规定的强制性也有所差异。行政方法主要是通过运用强制力来加强对于活动的控制。但是，行政强制和法律强制还是有很大的不同，法律的强制性主要规定人可以做及不可以做的事项，通过各司法机构来强制执行。但是，行政强制则主要让人的意志行为及目标达到统一，体现在行动原则统一，具体的实施方式相对灵活。行政强制措施是保证行政强制性的重要方式与保证。

（3）垂直性。行政方法具有垂直性，属于竖向垂直的管理手段，主要通过行政层次以及其系统来实施与管理。行政指令的下达均是纵向下达，自上而下传送，对于横向指令，接收者并不受其约束，只有上级领导指令对其有约束和指挥作用。所以，管理运用行政方法时，需要明确纵向垂直规则，不可以横向随意指挥传达。

二、高校的组织性质

教育，是人类社会形成之时就有的。高校，则是社会发展到一定阶段后产生的，它是有计划、有组织进行系统教育的机构。作为一种教育机构，高校有着不同于其他组织的性质。

第一，组织的类型。要真正把握高校的组织性质，必须把它放在整个社会组织大系统中去认识。高校不是生产组织，因而当以继承与发展人类的文化遗产为己任；高校是一种服务组织，必须加强对教职员工的职业道德教育，防止侵害学生利益的行为；高校基本上是一个规范性组织，在管理中要慎用强制手段和利益诱导。实行“就近入学”的公立高校是一种非自主型组织，而“自主招生”的民办高校则是一种自主型组织。非自主型组织由于没有生源与经费的压力，因而高校的服务意识与质量意识相对弱于自主型组织。

第二，高校的二元权威结构。与其他组织一样，高校有一套按照权力等级建立起来的行政系统，由高校的管理人员组成。与许多组织不同，高校还存在着一套专业化的学术系统，由高校的教师群体（尤其是资深的优秀教师）组成。这就使得高校形成了行政权威与学术权威并存的独特的二元权威结构，两者之间有相互的支持与配合，也有矛盾与影响。

三、高校教育管理的特征表现

对于一个特定领域的管理工作，不可避免地要回答它的特殊性所在。高校教育管理的特殊点包括：1. 与商业组织的目标相比，教育组织的目标非常难以限定。2. 很难衡量教育组织的目标是否达到，不像企业可以用利润、产量等指标清晰地测评。3. 青年学生是教育机构的核心，这个特点又增加了管理的模糊性。4. 在各类教育机构中，教师大都具有相同的职业背景，在教学过程中要求有一个专业自治的范围，这与企业中管理者与员工的关系不同。5. 教师与学生的接触是经常的、深入的、长期的，而且学生很少有机会选择教师，这既不同于企业又不同于医院等以其他专业为主的组织。6. 教育组织的管理结构具有断层的特点。在校外，政府、家长等会对学校的决策造成压力；在校内，教师、学生又会对决策产生影响。7. 在学校中，许多具有管理职务的人几乎没有时间从事管理工作。

在中国，人们倾向于“特殊论”，学校管理的特殊性呈现在：1. 综合性。学校的任务是培养德、智、体全面发展的人，这种“产品”加工的过程、特性和质量标准都带有综合的性质。这就决定了实现各部分管理职能以及检验其成效的手段和方式，都不能采取单一的技术性手段。例如，教育质量不能简单地用升学率来衡量。2. 教育性。学校本身是一个育人的场所，各种因素都会对学生产生潜移默化的影响。因此，在学校管理中，不论对人、对事、对物，都要估计到它对学生的教育作用，不能简单地处罚了事，要让学生从中受到教益。3. 低可比性。由于学校中教育教学工作的可变量大，劳动组织程度低，教师劳动的创造性强，个性特征、个人风格十分明显，使得学校管理活动的定型化、标准化、系列化的要求与企业的管理有着本质的区别。

学校管理有着与其他管理活动的共通之处。从历史发展的线索看，企业管理对学校管理产生了重大而深刻的影响，企业管理理论的每一次变革都带动着学校管理理论向前迈进一步，换言之，学校管理在很大程度上只是工业界的“镜像”。但是，学校管理与其他管理的区别是客观存在的。这提醒学校管理的理论研究者和实际工作者在借鉴企业管理原理与方法的同时，要针对学校的特点加以改造，并努力构建符合学校特性的管理体系。

第二节　高校教育管理的重点与必要性

一、高校教育管理的重点

（一）着重提高教学管理人员业务水平

学校方面要切实意识到教学管理者在学校长远发展建设当中，扮演的角色和发挥的不可替代作用，有效培育其思想政治素质，使其树立事业心与责任心，始终秉持奉献精神。教育管理者所处位置非常关键，发挥承上启下作用，担当上传下达的责任，不单单要贯彻落实上级部门给出的工作安排与文件精神，还必须协调组织教学管理活动，同时还要面对教师，处在和学生沟通互动的前沿，这样的工作定位与职责呼吁教学管理者要具备职业道德与高度责任意识。教学工作涉及范围广，内容多而复杂，很多事都要关注细节，有些事情看似很小，但实际上却关系深远。

高校教学管理的一个重要特征是层次化管理，既有独立，又有彼此的团结配合。只有具备团队协作精神，懂得如何合作和协调，才能够全方位处理好实际工作，做好分工，有条不紊地解决好诸多问题。要有极强业务素质能力。教学管理者，业务水平与能力素质是独立开展教学管理工作，有效突破实际难题，完成各项管理任务的根本。学校方面要关注教学管理者业务素质水平的提升，使其能够熟练把握以及运用好高等教育的专业化知识，把握教学管理基本理论与专业知识，有效评估教育教学的发展态势，协调不同部门与不同因素之间的关系，推动信息的顺畅流动，革新管理策略，全面提升管理水平。

（二）重视教学管理与研究之间的关系

教学管理是一项系统性工程，需要长时间建设与积累。高效完成日常教学管理，维护教学秩序，只是完成了第一层次工作，仅仅标志着拥有了良好的工作基础与教学环境。要想真正提升人才培养质量与教学管理质量，还必须积极，促进教育教学研究工作的开展。关注教育教学研究的高校，其教学工作的指导思想明确、目标选择恰当，能审时度势，从国情、校情出发确立新思想、新思路、新措施、新制度，教学工作和管理工作处于高质量状态。因此，要特别关注教育教学研究工作，把握好提升教学管理效益与质量的关键点。

（三）了解教学管理和教学质量之间的关系

教学管理是学校针对教学工作不同环节开展的管理活动，结合既定管理目标与原则对教育教学实施有效调控。教学管理各环节均与教学质量存在着密不可分的关联。教学管理涉及的内容非常广泛，从教学质量评价系统来看，包括培养方案、教学计划的制订、教学任务的安排、教学跟踪监测、信息收集、信息统计分析、质量评价等内容。与此同时，要特别注意结合反馈信息以及评估获得的结果进行教学计划的革新调控。每一项具体工作又会包括很多不同的方面。教学管理一定要紧紧围绕全面提升教学质量，这个中心工作实施，高校应该全面革新与健全教学管理体制，积极建立有助于新型人才培养的教学管理制度。

（四）处理教学管理人员和教师之间的关系

教学管理者与教师共同担当着教育使命，前者以整合利用教育资源为主，教师以传播知识和启迪思想为主，管理育人与教书育人相辅相成，二者存在互相影响与作用的关联，属于同个目的之下的不同层面，主要体现在以下方面。

第一，教学管理者利用整理分析教师教学质量信息，反馈教学和学习的实际情况，合理给予出科学化评定。检查考核，教师教育教学当中体现出来的学术与教学水平，评估其敬业精神，归纳评估教师是否认真完成了教育任务，给出的指标和规划，促使教师结合社会发展与市场需要，提升教学水平，培养高质量人才。

第二，教学管理者是衔接教师和学生的纽带，负责协调处理二者之间的矛盾问题，有效营造优质的教学环境，确保教学和学习活动的有序开展。

第三，高校管理者与教师共同参与学校各项事业的建设过程中，如课程建设和教材建设等。利用对教学的调查研究与分析工作，提出改革和优化教学的方案计划。

第四，高校管理者给教师提供教育教学方面的帮助，营造优良教学环境，促使教师可以集中注意力投入教学活动当中。

二、高校教育管理的必要性

教学管理是高校教育工作的重要组成部分，对培养高质量的人才起着重要的作用。当前加强教学工作的主要任务以及基本的举措是加大教学投入，强化教学管理，深化教学改革。这既需要各高校结合本校实际，健全和完善各项教学工作规章制度，还需要采取措施，确保各项规章制度严格执行。高校实施先进有效的教学管理，离不开高素质的教学管理人员。只有具备一支业务能力强、创新意识强、实干精神强的教学管理队伍，高校的教学管理水平才能不断地提高。

从世界高等教育的发展趋势看，深化高校教学管理是当今世界高等教育发展趋势的客观要求。提高人才培养质量是世界各国面临的共同课题，高等学校都在思考一个问题，即现代社会中高等教育应该如何发展。严格规范的教学管理，特别是加强教学质量的控制是提高高等教育质量的重要保证，向管理要质量是教学改革的重要任务之一。

从高等学校教学和管理队伍的历史、发展和形成来看，目前绝大多数从事教学管理工作的人员在校学习期间缺乏系统的“教育学”“心理学”“教育管理学”等方面专业技术知识的学习，大部分人员是通过实际工作的不断探索而积累经验的，不能够从理论上、教学规律上更好地把握教育工作和教学改革的建设工作。

从高等教育科学的发展来看，许多学校没有把高等教育教学管理作为一门科学来对待，学校的教育教学管理不到位，没有形成必要的校内外教育研究信息沟通机制。学校缺乏教育教学研究的氛围，缺乏有组织、有计划、有目的的教育教学及管理研究，对学习、借鉴、继承、发展等一系列问题缺乏系统的思考和具体安排。

第三节 高校教育中教师队伍与学生的管理

一、高校教育中教师队伍的管理

（一）高校教师管理现状与改革趋势

当今中国，高等教育迅猛发展，在校学生规模位居世界第一位。学生数量的快速增加，随之带来了高等教育发展中的一系列问题，教师队伍的不足成了制约高等教育继续发展的瓶颈。

21 世纪初是中国教育改革和发展的战略机遇，人类真正进入了信息技术和知识经济的时代。我国在实施“科教兴国”“人才强国”战略的过程中，高等教育事业得到了长足的发展，教师队伍面貌也发生了巨大的变化，其素质、结构、质量和效益都有了明显的改观。但是，随着中国高等教育的连年扩招，学校规模迅速膨胀，各种矛盾日显突出，与创建人民满意的高水平大学教师队伍的要求相比，仍然存在很多不容忽视的问题。由于中国正处在经济社会转型的大背景下，原有的计划经济体制下形成的管理模式尚未突破，一些新的管理模式的尝试与原有的职称制度、招聘人才制度等还存在着矛盾和影响。

1. 高校教师管理的现状分析

目前，我国高校普遍实行的还是传统的人事管理制度，所谓人事管理制度就是对人事关系的管理，它是以从事社会劳动的人和相关的事为管理对象，在一定管理思想和原则的指导下，运用组织、协调、控制、监督等手段，形成人与人之间、人与事之间相互关系的某种状态，以实现一定目标的一系列管理活动的总和。人事管理过程包括进、管、出三个环节，管理过程强调事而忽视人，人的调进、调出被当作了管理活动的中心内容。目前高校的人事管理制度表现出以下特征。

（1）在政府与学校的关系上，政府是学校的所有者、出资人和管理者。教育行政部门对高校的人事权、财权、项目审批权有着严格的控制。无论是人员的进出、职称晋升抑或是工资的调整以及大型项目的立项，都必须到上级教育主管部门报批，学校没有充分的自主权。

（2）在管理理念上，强调对教师人事关系的管理，主要包括教师的进、管、出三个环节。

（3）在组织结构方面实行的是类似于政府部门的科层制的垂直型组织结构。在最顶端是由书记、校长、副书记、副校长组成的领导层，负责学校大小事务的管理和决策，是学校的顶层决策机构，其组织形式是校长办公会。接下来分成两部分：一部分是行政管理机关，包括教务、人事、财务、科研、后勤保障等部门，在这些部门中，管理人员根据职务级别划分为处长、副处长、科长、科员等。行政机关根据各自职责，负责政策的制定、执行以及日常管理。另一部分是教学机构。在教学机构的设置中，与行政机关相对应，设置了教学副院长、科研副院长等职位，其下又有教学秘书、科研秘书等岗位。各岗位根据职责分工和级别高低对上一级主管领导负责。

（4）在教师管理上，实行的是身份制而非契约制。虽然现在好多高校与教师签订合同，但在实质上仍非真正的契约制管理。特别是对高校而言，要想与教师解除合同推向社会，在实际操作上难度很大，主要是由于目前实行的退休金制度，高校教师普遍没有缴纳社会养老保险，从而无法推向社会。

（5）在绩效考核中，强调对教师进行严格考核，设定了大量的量化指标，但很少有对教师的激励措施。

（6）在管理决策上，由行政管理机构制定政策，校领导（校长办公会）对此有最终决定权。

2. 高校教师管理存在的问题

由于目前沿用的是计划经济体制下的管理模式，在社会主义市场经济体制已逐步建立的今天，原有的高校教师管理体制已经不再适应学校发展的要求，主要表现在以下方面。

（1）集权制的组织结构依然在实施管理和监督方面明显存在

第一，由于管理者缺乏人力资源管理理念，目前的人事管理仍着重教师的进、管、出，视教师为人力成本，把人事工作当作组织的行政事务，以事为中心，以教师的招募、考核、工资、福利、奖惩等为主要工作，缺乏对教师本身重要性的认识，未形成教师是资源的理念，缺乏对教师资源的有效开发和利用。

第二，人事权集中在学校人事管理部门，对学科、专业的发展缺乏有效支撑，而各教学单位在长期的人事制度管理体制下，对学科本身发展需要的必要的人力资源培养缺乏主动性。

第三，人事管理部门在工作中的行政泛化和路径依赖，缺乏对现代管理理论的学习和理解，从而造成学校行政管理中的学校行政失灵。许多高校管理观念滞后，视人力为成本而不是资源，把教师管理看作是一项行政事务，纳入传统的“人事管理工作”范畴，表面上管理有序，实质上效率不高。教学和科研工作有着严重的行政化倾向，部分高校行政机构臃肿，人浮于事，行政人员多于教师。高校对教师实行单方面行政式垂直管理，较少关注教师方面的权利、需求及感受，忽视教师的情感需求。教师作为综合素质较高的特殊群体，有着强烈的自我尊重和自我实现意识，在满足基本物质条件的前提下，更加注重精神需求，而自上而下的行政式垂直管理既容易引起其心理排斥，也不利于充分调动其积极性和主动性。

（2）政策制定的权限集中在行政管理部门，使得在政策制定上不能有效体现教师的意愿，而管理者素质不高以及制度的缺陷等原因，使得制定政策先天不足，同时，教师在政策的执行过程中有抵触情绪，最终使得政策执行不力。

（3）在师资队伍的建设上，注重人才引进，轻视自有人才的培养，在教师待遇上内外有别。在教师培养方面更多的是个人的自主行为，没有根据学科的发展需要制订长期的、科学的培养规划。

（4）绩效评估体系亟待完善。当前，对教师的绩效考核存在以下问题。

第一，绩效考核观念缺少应有的人文关怀。长期以来，为了鼓励教师努力工作，高校往往实行“奖惩性评价”，它不能很好地起到激励作用，与预期目标有一定的差距。教师对于绩效考核抱着被动的态度，与考评者处于对立的状态，使考评失去了应有的价值。

第二，考核标准不明确。高校教师的工作难以有效测度，无法制定一个比较客观的绩效考评标准，往往只能从有限可视指标中来进行测度。现行高校教师的绩效考核指标通常从德、能、勤、绩、廉五个方面进行考核，但实际上主要是以岗位所要求的业绩量化指标为依据，对教师的主动性、奉献精神、合作意识等难以采用量化的指标进行考核。由于对教师教学质量的评价相对比较困难，高校教师考核指标体系除了规定教师必须完成规定的课时工作量等指标外，对教师履行教学职能的评价往往流于形式。对教师科研方面则通过发表论文的级别和数量、获得科研项目的级别和经费以及科研获奖等级等方面的指标来衡量教师的能力和业绩，因此，考核结果不能全面公正地反映教师的全部工作。

第三，绩效考核结果存在误差。绩效考核是一项复杂的综合性管理活动，必然会受到很多方面的制约。由于考核的基本环节要由人去操作和判断，绩效考评的许多标准容易受主观因素的影响，会出现评价者的偏差。一方面，由于缺乏对评价者基本的培训；另一方面，评价者的单一性和本身素质的良莠不齐，在对教师绩效的评估中会不可避免地出现误差，不同程度地导致评价有失公允，使评估结果缺乏可信度，挫伤教师的教学积极性。

第四，考核周期设置不合理。目前，我国各高校的绩效考核多数是一年一次，以年终考核为主。事实上，不同的绩效指标需要不同的考核周期。对于任务绩效的指标，由于考核者对被考核者在这些方面的工作效果有较清晰的记录和印象，可能需要较短的考核周期，它可以及时评价并且反馈工作效果，有利于及时地改进工作，提高工作效率。对于教师成果绩效的考核，则需要较长的周期，例如，教师的科研活动一般需要较长时间才能出成果，而这种成果要转化为现实的生产力，实现其经济或是社会价值则需要更长的时间。

第五，对教师的绩效导向出现偏差。不少高校没有摆正教学和科研的关系，不能科学地评价教师的工作，激励机制出现了导向性的偏差。高校的办学宗旨是教书育人，必须明确高校是教学基地而不是研究单位。近年来，许多高校把“规模”及“名次”当成了头等大事，为了通过中华人民共和国教育部的评估，在学校的工作目标上，纷纷形成了把科研成果作为评估的硬件。从而把科研工作摆到了极其不正常的位置。

第六，在教师职务聘任任期目标规定中，由于对科研成果制定了硬性的量化要求，而其他要求弹性较大，导致了在对教师工作的实际评价中，科研成果成了决定性的因素，由此产生的严重后果是重科研轻教学。本来教师应该全身心地投入教学中去，把提高人才培养的质量作为自己的基本职责，但是为了保住职称和待遇，多数教师绞尽脑汁地写论文、千方百计地发表论文，把科研工作当成了必须完成的头等任务，占用了大量的时间和精力，从而极大影响了教学任务。

第七，不少教师多年来只承担同一门课程的教学工作，甚至备一次课讲好几年，不进行知识的更新，目的仅仅是为了完成学校的工作量，把节省下来的大量时间和精力花在科研工作上，不花心思与学生互动，无法保证教学质量，但往往是这些教师，却能够通过完成科研量达到名利双收的效果，反而踏踏实实，一心扑在一线教学工作的部分教师，虽然得到了学生的认可，却往往因为缺乏科研量，不仅耽误了评职称，甚至出现津贴不能全额发放的现象，严重打击了这些教师的教学热情。

（5）教师资格准入制度不完善，人才引进与岗位设置不匹配。目前，我国高校教师实行资格准入制度，根据《中华人民共和国高等教育法》规定，高等学校实行教师资格制度，高校教师资格证书制度的实施不仅为教师和教育机构提供了良好的发展机遇，也为教师职业真正成为一门“专业”创造了条件。但是也存在以下问题。

第一，教师资格标准规定较笼统，更为注重对学历的考查，无法考查教师的专业素质和教学能力，体现不出教师职业的专业性。

第二，教师资格书证的类型简单，含金量达不到应有的水平。

第三，对教师的心理素质没有严格的把关。

第四，一旦拿到了教师资格证就可以终身使用，导致缺乏对教师自身专业发展的激励。近年来，很多高校随着学校招生规模的扩大，教师需求量的增加，加大了人才引进的力度。出台了各种优惠政策来吸引称、高学历的教师，希望从数量和质量上充实师资队伍。但由于这些年学术腐败愈演愈烈，职称评审中的虚假现象愈来愈多，很多学历文凭的含金量值得怀疑。学校花了大代价引进的部分高级人才，无论在师德师风还是教学科研水平方面，都不是很理想，其中不乏“走穴”的教授和博士，完全是为了房子、高待遇而来。如此引进人才后，虽然教师队伍扩大了，教授、博士的数量增加了，但是并没有提高教师队伍的整体素质。

（6）学校对教师的继续教育投入不足，不少教师教育水平亟待提高。当今世界是知识经济时代，充满机遇与挑战，科学、民主、平等、自由、创新成为新世纪的主旋律。面对知识的快速增长，面对层出不穷的新事物、新问题，教育理念与实践迫切需要全面革新与提升，提高高等教育质量成为高校当前最为紧迫的任务。教育要创新，需要教师进行教学方法、手段和内容的改革，而教学改革的开展又与教师教育理论水平和教育理念有关。同时，新技术的发展改变了知识的传播方式，新一代学生更加独立和充满个性，这些都对教师提出了更高的要求。

第一，要求教师以平等的、谦虚的态度来组织教学活动，并具备利用先进技术的能力以及引导和启发学生提出问题的能力，掌握创造思维的方法。

第二，在教学中，要不拘泥于已有的方法，敢于提出和运用新的方法，并能在教学实践中不断充实和完善，使其成为具有自己特点的教学方法。

第三，不断提高教育理论素养，把不断学习的新知识及新技能运用到教学实践中。

第四，如果在教学中出现问题时，教师应当学会运用自我归纳概括能力并参考有益的信息进行分析判断，做出冷静正确的处理，以谋求教学理论的发展。

但是事实上，很多教师离这些要求还有很大的差距，这些差距一部分是由于教师本人的原因，还有相当一部分的原因是学校没有提供合适的平台和保障，对教师的继续教育投入不足。

3. 高校教师管理改革的趋势

根据高校人事管理制度的发展需要以及国家下发的一系列文件要求，高校人事制度改革呈现出以下趋势。

（1）在管理理念上由人事管理向人力资源管理发展。传统的人事管理重在对人的管理和事的管理，重在对人的人事档案和业务档案的管理，实质上是对教师进行身份管理，这种管理在效果上缺乏激励和引导，是一种静态的管理，视教师为成本。而人力资源管理重在对现有人员的开发和利用，同时注重队伍的重组和提升，视教师为资源。

（2）在管理方式上由静态管理向动态管理发展。现有的管理方式下，教师在达到一定的阶段后就没有了继续努力的动力，例如，评定终身的职称制度以及工资制度等。在管理者身上同样存在这种问题，能上不能下的行政管理制度使得管理者在管理过程中不思进取。高校教师管理改革要求打破教授终身制，打破管理者手中的铁饭碗，从而提高工作的积极性。

（3）在分配上由平均主义向差异分配发展。拉大差异，注重激励，有助于调动教师的积极性，符合教师间能力存在差异，以及工作投入程度不同的现实。

（4）在制度上由身份制向契约制发展。在人员聘任上，打破原有的重身份、重资历、重级别的人事管理方式，科学设定编制和岗位，竞争上岗、择优聘用、合同管理可以强化竞争机制，使人力资源配置更符合事业发展的需要。

（二）高校教师管理模式的改进策略

教师管理制度改革事关高等教育的全局，涉及教育行政部门以及政府间的关系，涉及社会保障体系的完善，更涉及学校的发展和教师本人的切身利益，同时，高校教师群体又具有明显区别于一般人力资源群体的特殊性，这要求我们在制度设计方面不能将企业的管理模式简单套用，而要根据教师群体的特点有针对性地进行设计。在改革中，我们应该以治理为模式，形成视教师为资源的人力资源管理理念，从政校关系、决策制度、聘任制度、考核制度和分配制度等方面重新设计教师资源管理体系，加强对教师队伍的培养和激励，促进对教师资源的有效利用，同时，还要充分认识到校园文化在教师管理中的积极作用，建设具有独特风格的、和谐的校园文化。

1. 实行教师聘用制

高校聘用制改革已被正式提到了高校改革的日程上来。对于高校而言，推行聘用制的主要目的，是打破教师职务终身制，改变教师对学校的人身依附，克服教师在职称评聘过程中的论资排辈现象。在高校聘用制的推行过程中，难点是设置岗位、制定薪酬、签订合同、缴纳社保等方面。在这方面，我们应该在弄清自身情况的前提下，借鉴一些国家的成功经验。

国外大学教授普遍实行"终身职"，而对低职称者普遍设置任期。

（1）美国大学实行的是教授终身职，但是，与之相对应的，是在教师未获得终身职前的"非升即走"制度，它规定：如果在学校工作的 6 年之内得不到终身职，那么他在 1 年内必须离开学校。

（2）英国原本实行的是教授、副教授、高级讲师没有任期，讲师有任期，但现在的情况也发生了变化，英国在 1988 年颁布了教育改革法，从法律上停止了大学教师乃至退休教师的终身在职权，学校可以适当地解雇教师。

（3）德国虽然实行的是教授无任期制，但德国对教授的聘任有着严格的规定：德国任用教授的必要条件：①具有学术性业绩或艺术性业绩；②在从事职业最少 5 年内，能使学术观点和方法得到应用和发展，并取得特殊业绩。同时，他们还要参加教授资格考试，必须以优秀成绩通过博士考试的合格标准，这样也只是具备了教授资格，拥有讲师称号。教授的聘任必须从校外公开招聘，不允许聘任本校任命的讲师。

（4）日本实行的是"终身雇佣"和"年功序列"。美国大学的教授终身制现如今遭到了政界、财经界以及新闻界的强烈批判，教授终身制保障没有能力的教授，起着保障无能者安逸生活的作用。日本现在也在采取措施打破教授的终身制，原因在于终身制的实行使教师的身份得到法律保障，从而使得教师对大学教育和科学研究的热情减退，它导致了高等教育质量的下降。

另外，国外大学（除日本外，这与日本实行的"年功序列"和"终身雇佣"有关）教师聘任中，还普遍规定了教师必须有在两个以上学校任教的经历。在国外大学教师聘任过程中，对我们而言具有很高借鉴意义的包括：①发挥审议机构的中介作用；②制定出完善的法律以及学校的规章；③完善公开招聘制；④重视教师的校外经历。鉴于此，我国高校的聘任制应做好以下工作。

第一，科学设置岗位，下放岗位聘任权限，其中包括两层含义：①要根据学校的岗位总数以及各教学单位承担的教学任务情况，科学测定各单位编制；②将岗位分成关键岗位和一般岗位，关键岗位由学校聘任，一般岗位则根据各单位编制情况，综合考虑学科发展等因素，合理地分配到各个单位，由各单位自行聘任。

第二，合理设置任期。任期设置的合理与否，将直接决定聘任制推行的成败，任期过长，则起不到聘任制应有的激励作用，使低职称者努力的动力减退，而对称者又起不到刺激作用。任期过短，则一方面增加教师担心失业的心理负担；另一方面使功利性的研究活动增加，违背了科学发展规律，不利于教师从事科研活动的独立性和从事长期的基础性研究。同时，具备条件的学校应实行低职称教师在一定年度内的非升即走制度，在聘任到期后，如果通不过专门委员会对其进行的教学效果、科研能力以及学术水平的考核，就必须离开学校，这将极大地促进年轻教师勤奋上进，不断提高专业水平和敬业精神，还将对人才的流动和学术的交流起到积极的促进作用。

与此同时，我们不妨在特定的群体内尝试终身教授制，对那些对学校发展做出突出贡献，在学校的学科建设和教师梯队建设中举足轻重的、在国内外有着极高影响力的大师级学者授予教授终身制，使他们能够安心从事研究工作，特别是一些科研周期长、工作量大的基础性研究，这将有利于对学科内的教师梯队建设起到传、帮、带的作用。需要指出的是，教授终身制在实行过程中人数不能过多，还必须坚持宁缺毋滥的原则，其最终授予权应掌握在代表学校最高学术水平的校学术委员会手中，以防止权力被滥用。

第三，完善聘任程序。高校要制定规范的聘任办法，并且在办法的制定中广泛征求教师意见，让教师积极参与到聘任制度的制定中来。在聘任程序上应公开、公正、公平，坚决杜绝暗箱操作。对于学校关键岗位的聘任而言，在我国无中介审议机构或是机构职能不健全的情况下，必要时要聘请国内其他高校的同行专家对申请人进行鉴定；聘任工作应面向全社会公开，考核过程和结果也都要进行公示；建立教师申诉制度，如教师对聘任结果有异议，可以到指定的申诉部门申诉，申诉部门必须受理教师的异议投诉，并在规定的时间内予以答复。

第四，要与政府职能部门一起做好未聘教师的生活保障工作。特别是在推行聘用制改革的初期，除了政府职能部门要做好未聘教师的社会保障外，学校也应在能力范围内，为教师再就业创造条件，保证教师队伍的稳定。在聘任制的推行过程中，教师身份的转变是重点也是难点，只有在改变教师对学校的人身依附，完成从“学校人”到“社会人”的转变，建立学校与教师间真正的契约关系，聘任制才有可能真正实行。

2. 重建政府和高校之间的关系

政府应从举办者、办学者、管理者三位一体的全能型身份中走出来，重点行使其督导职能和保障职能。政校分离，首要的一点是要将高校与行政级别相脱离，不再提部级、副部级或厅级，校领导的任命应给予高校更大的自主权，由学校学术委员会选举产生，真正做到学术治校、学者治校。

政校分离后，政府以及教育行政部门应重点做好高校的财政保障工作，应建立和完善财政制度，改革教育财政管理手段，从制度上保证高等教育发展所需要的稳定的资金支持，注重对资金分配和运用的科学管理，提高资金使用效率，同时，政府要充当中介和桥梁，扶持教育中介组织的建立和发展，推进各种捐款和捐赠制度的建立，加强企业和高校间的联系，广泛吸纳社会各界对高等教育的资金支持。

总而言之，高校如果要继续大力推进事业单位人事制度改革，必须建立有效的社会保障制度。只有建立有效的社会保障制度，才能彻底解决高校人事制度改革中遇到的人事关系问题，才能使教师从“学校人”真正变为“社会人”。

3. 树立“以人为本”的管理观念

高等教育教学是根本，教学中教师是核心。在高校的教师管理中，要牢固树立以人为中心的现代管理新理念，追求教师资源管理的人本性，提升教师的归属感，同时将教师资源开发提升到第一的位置，使高校的人事工作能着眼于人力资源的开发，致力于人才的合理、充分利用。

另外，加强管理者现代管理理论的培训和提高，积极吸收管理学领域最新、最科学的研究成果，并将其运用到高校师资资源管理的实际中来，做到人力资源管理方法的科学化、规范化、民主化以及管理体制的合法化以及规范化，营造尊师重教的良好氛围，始终坚持尊重教师的意愿，了解教师的需求，最大限度激发教师的积极性和创造性，使教师的潜能得到最大程度地发挥，实现高校教师管理过程中理性管理和人性化管理的有机结合。高校要将管理职能转化为服务职能，为教师提供良好的发展空间，为教师解决后顾之忧，营造科学的发展平台，提升教师对学校的满意度，实现教师的满意与学校的可持续健康发展的最佳结合。

人本管理最重要的一点就是要宽容，它有两方面的含义：①对待教师要宽容，要细心发掘教师的长处和优点，同时还要尊重教师个人的尊严、自我价值和个人的需要，要宽容对待教师在性格方面的特性，要经常了解教师对学校工作的意见，让教师参与到学校重大制度与改革措施的制定中来；②对待教师的学术观点要宽容，特别是各学科的学术带头人，要能够容忍甚至是提倡多种学术观点的并存。

当然，宽容不是放纵，高校教师资源管理需要有效的规章制度来规范教师行为。在负强化的基础上，更应该利用正强化效应，帮助教师尤其是青年教师制定自身的发展目标，并在教师目标的实现过程中实施有效的激励，使教师实现自我再造，充分发掘自身潜能，为教师向更高层次发展和更高价值的自我实现提供可能。教师资源的管理应尽可能地由学院来进行，学校层面应主要负责宏观的督导与引导，其原因主要有以下三个方面。

（1）教师的管理权过分集中到学校手中，在很大程度上造成了教师和学校的对立，教师对学校的管理措施产生抵触思想，学校科层制的组织结构使学校的管理措施在实施过程中，教学效率低下，是造成学校行政失灵的主要因素。按照治理理论的观点，对人力资源的管理应调动全方位的力量，特别要发挥学院在教师资源管理中的作用。

（2）学院是学校学科建设和发展的主要承担者，更了解学科建设中对教师资源的需求，而根据发展目标进行有针对性的管理是现代人力资源管理理论的应有之义。

（3）学院更了解教师在个人发展中的需求，在管理中更能体现对教师的人文关怀。

4. 营造和谐氛围形成独特的校园文化

校园文化是一种特殊的社会亚文化，是在特定的环境中创造出来的，与社会、时代密切相关又相对独立，有着鲜明校园特色的人文氛围、校园精神和环境。校园精神是校园文化的核心，是学校师生员工价值观和人生观的综合反映，是共同的理想、信念、追求，共同的行规范以及标准模式的综合体现。校园文化对教师的影响是无形的，也往往为管理者所忽视。

现代的校园文化建设是现代人力资源管理理论与传统的人事管理制度之间的主要区别之一，校园文化建设对学校发展目标的实现起着保障和促进作用，主要表现在：①校园文化可以有目的地引导、塑造学校内部成员的行为，增强教师行为的一贯性；②文化本身就是一种黏合剂，可以将不同个性、不同思维方式，甚至不同价值观的教师黏合在一起，增强教师队伍的凝聚力；③校园文化使教师在思想上自觉地将自己与其他学校区别开来，从而对增强教师对学校的认同感和归属感起到积极的促进作用；④校园文化使教师自觉地将自身利益与学校的总体利益联系在一起，将教师个人的发展目标与学校的总体目标联系在一起，教师与学校荣辱与共。

校园文化的形成非一朝一夕之功，而是在长期办学实践的基础上，经过历史的沉淀、自身的努力和外部环境的影响，逐步形成的一种特殊的社会文化形态。但是，我们却不能因此而忽视了对校园文化的建设，教师作为其中的一分子，应该积极地投入校园文化的建设过程中，为校园文化的形成写下自己浓厚的一笔。

校园文化建设的首要任务之一，就是传承学校的悠久历史。“以史为鉴，可以知兴替”，历史是我们最好的老师。从学校的历史中，我们可以总结出学校建校以来发展中的成功经验和失败教训，从学校发展的荣辱兴衰中，可以帮助我们培养教师的自豪感和归属感。校园文化建设还要弘扬科学精神。科学精神是学者在长期的研究活动中形成的价值观和行为规范，是他们人格和精神气质中的精华，有着深刻的思想内涵和极强的思想文化教育功能。科学精神就是创新精神，没有创新，科学将失去生命力。在高校中弘扬科学精神，有利于教师正确树立世界观、价值观和人生观；有利于掌握科学的学习方法和研究方法；有利于教师深入地开展科学研究，提高教学质量和学术水平。

加强校园文化建设，不仅要给教师提供学术自由的发展空间，更要充分调动教师参与学校建设的积极性，为学校的发展献计献策。“百花齐放，百家争鸣”不仅仅是对教师的学术研究而言，对于学校政策的制定而言，更要坚持民主，在学校的决策中，要多倾听教师的声音，坚决抵制不良作风，要欢迎在管理中出现的不同声音。只要全校教师都能投入学校的建设中，关心学校的发展，在各自的角度对学校政策的制定进行客观评价，我们就能在发展的道路上少走弯路，这样才能更快、更好地实现学校的发展目标。

加强校园文化建设，要建立和谐的人际关系，要创造良好的校园文化氛围，让教师有更温馨的环境，能集中精力搞好科研和教学，使教师能体验到自身存在的价值，使其被尊重、被关心、被爱护的需要得到满足。良好的校园文化氛围能维持并增进教师的心理健康，保证教师群体间的团结与合作。加强校园文化建设的主要措施有：①改进领导作风，改善干群关系。领导者和管理者要平易近人，不要端官架子，遇事要与教师多进行沟通，在工作上要协调一致。②应尊重教师在学术上的不同意见，尽可能地为教师创造良好的工作环境，关心教师生活上的困难，解除教师的后顾之忧。③学校要为教师间的人际交往创造良好的条件，消除各种障碍因素。④要加强对教师队伍中师德高尚、学术造诣突出、教学质量优秀的教师的宣传，使全校形成一种重品德、重知识、重人才的良好风气，使人力资源管理主体与教师之间形成一种互惠互利、默契双赢的局面。

总而言之，我们要把良好的校园文化作为学校效益、质量、规模协调发展的关键因素，并围绕学校的办学目标，合理规划，优化配置人才结构，更充分地发挥高校人力资源的效益。

5. 完善绩效考核评价体系构建核算模型

（1）积极完善教师绩效考核评价体系

第一，对教师进行绩效考核的原则。高校要从教学和科研两方面综合平衡考核，不能厚此薄彼。在高校的日常管理中，很容易出现重科研轻教学的现象，这一现象又容易导致一线教师教学兴趣的丧失，把主要精力放到科研上，无心进行教学以及教学法的研究，致使教学质量下降。由于对科研考核的重视，反而使科研成果日益大众化，学术价值大打折扣，同时，由于教师争相进行科学研究，导致科研经费的收益下降，出现高校教师管理模式研究学研究的规模不经济。

第二，考核过程要公开公正公平。公开原则是指对教师的考核过程、考核标准以及考核结果要公开，不能搞暗箱操作，不能人为干预；公正是要求考核者在考核过程中要实事求是，不能人云亦云、送人情分，更不能打击报复，考核者应在教师中有威信，有较高的学术地位，教学效果的公认程度高；公平原则是指应综合考核教师，不能因某一点原因就全盘否定教师的所有努力，还要给教师申诉的权利和机会。

第三，要做好考核结果的反馈和利用。考核结果要及时反馈给教师，没有反馈的考核是没有任何意义的，同时，对考核结果应有所说明，否则考核就没有任何实际意义。

第四，考核应采用量化指标，又不能绝对量化。量化的指标可以更明确地评价教师的教学和科研工作，它不像描述性评价容易掺杂个人主观因素，量化的考核也可以通过调整权重等方法使评价更科学。但是，在设计量化指标的时候，要充分考虑到质的方面的因素，不能单单考虑授课学时、发表论文数量等，否则容易产生教师对量的追求而忽视质的追求的导向作用。

（2）构建科学的教师工作量核算模型

在工作量的核算上，大体可以分为两种方法：第一种方法是教学与科研单独核算；第二种方法是将教学工作量和科研工作量分别量化，赋予一定分值后加总，然后根据总分对教师的工作总量进行排序。这两种统计方法都有各自的缺点：教学与科研单独核算不易于管理者掌握教师的工作总量，然而在教学工作量和科研工作量分别量化中，教学与科研是两个不同性质的量，直接相加不能准确反映教师的实际贡献，与实际也有较大误差，而且适用范围十分有限，只能在同一类课程或专业内进行比较排序。因此，大多数高校倾向于教学工作量与科研工作量分别核算。

第一，教学工作量的核算。教学工作量不应仅仅是教学授课工作量与班级系数简单的加乘计算，还应考虑到质的因素。同样讲授一门课程，有的教师讲课认真、备课充分，教学方法深受学生们欢迎，教学效果好，而有的教师则可能要差许多，如果按同样系数计算工作量，则教学好的教师就会心理失衡，应该将教师的教学效果计算到教师的工作量中。

第二，科研工作量的核算。科研对于教师而言，能够使自己与自己学科领域的新进展保持一致，从而进行高质量的教学，学术研究的过程和结果往往能改变教学的内容和方法，因此，大学教师必须从事一定的科学研究。但就工作量的核算而言，由于科研成果的学术性价值难以评估，从而给核算工作带来了很大的困难。很多高等高校，为了发表而进行的科研，也被称为“发现的学术”，它成了大学使命的主要部分，“发表或者出局”已成为教师职业生涯的基本模式。

因而，在核算科研工作量时，只能根据教师科研成果的类型以及级别进行核算。科研工作量主要包括发表论文、承担课题、出版学术专著。很多学校将教材视为科研成果的一部分。在实际工作中，绝大部分的教材都是东抄西凑得来的，反映不出作者的学术思想和学术水平，它更侧重于衡量教师对专业知识的掌握程度，缺乏对专业领域新探索和新问题的探究，其学术价值不大，只应成为教师教学活动的一部分，建议应在教学工作量中予以核算。在科研工作量的核算上，我们要给予那些从事周期长的基础性研究的教师一些特殊政策，例如，如果经学术委员会认定，该教师的科研活动有较高的学术价值，可以在成果出来之前，按阶段认定该教师的科研工作量，并在研究成果出来后，根据实际情况核算其科研工作量。

（3）加强师资队伍建设，实施有效的激励机制

根据学校及学科的发展需要，有针对性地对教师进行培养，同时，建立有效的激励机制，调动教师在工作中的主动性与创造性，是对高校教师按照现代人力资源管理模式进行管理的重要特征。

第一，师资队伍建设的基本措施。在师资队伍建设中，应在建设规划、人才引进和教师培养等方面制定行之有效的措施，特别要注意以下内容：

一是教师队伍建设要着眼全局，要有前瞻性。教师队伍的培养先应有全校性的指导性培养方案。全校的培养方案应是学校管理者根据学校师资队伍的现状，包括教师队伍的年龄结构、学历结构、学院结构以及学科间的数量结构，制订出本校的教师队伍建设规划。各学院应根据本部门的师资队伍状况、教师个人的发展潜力和发展需求情况以及学科的发展需求制定详细的师资队伍培养规划。学院的培养规划要从学科建设的需要出发，要有前瞻性，同时还要充分考虑到教师的个人发展的需要。对教师的培养既要加强对精英人才的培养，培养出学科的学术带头人；也要加强对中坚力量的培养，这是学校教学的主干力量；更要加强对青年教师的培养，建立起一支老中青结合、结构合理的教师梯队。

二是要做好人才引进工作。在高校的师资队伍建设中，人才引进对充实教师队伍，完善知识结构，活跃科研氛围起着重要作用，而且，人才引进政策起效快，对学科建设的作用明显，往往成为管理者首选的建设措施。但我们应注意到，人才引进政策虽然容易出成绩，但副作用同样明显：由于给予引进的人才极高的待遇，使本校的优秀人才产生心理落差，挫伤了他们的工作积极性，最终造成人才流失；各高校纷纷用高薪吸引人才，虽然在客观上促进了人员流动，却增加了高校的办学成本；容易引进的人才稳定性差，特别是频

繁在高校间流动的人才，“人往高处走”，往往不能给学校的学科建设起到应有作用。因此，在制定引进人才政策的时候，要根据公平理论，对给予引进人才的待遇进行恰当的设计。引进的人才必须对学科建设起到积极而有效的推动作用，要人有所值，而且，同时还要给予本校内同等层次人才相同的待遇，以免打击其积极性，造成优秀人才外流。

第二，建立科学的激励机制。根据斯金纳的强化理论，人的行为是否重复发生，与该行为发生后给予的强化有关。如果行为发生后产生了令人满意的效果，则这一行为最有可能重复发生；反之行为发生后产生了令人不满的结果，那么这一行为将不太可能重复发生。同时，斯金纳的强化理论不赞成使用负强化，负强化会产生不愉快的影响，而且当行为不被强化时，便倾向于逐渐消失。根据赫茨伯格的双因素理论，保健因素不加以改善，员工一定会产生不满，但改善后也仅仅是消除了不满，无法使员工产生满意感。

而激励因素不加以改善不会使员工产生不满，但改善后一定会使员工产生满意感。人力资源管理学提出，从“以物为本”向“以人为本”的价值观转向，使有效激励成为管理工作的核心。高校教师作为一个特殊群体是高校办学的主体，是实现办学目标的主导力量，这就向高校管理者提出了更高的要求。如何充分调动高校现有教师的内在动力因素，把教师为实现目标的主导力量落实在工作的各个环节上，提高教师的教学水平、科研水平、创新能力以及为人师表的自觉性，是高校教师管理中的主要内容。科学的激励机制应根据受众的不同特点采取不同的措施。根据大学教师人群的特征，高校教师的激励措施应遵循以下原则。

一是激励措施应将物质鼓励和精神鼓励结合起来。高校教师群体在个人的需求上对高层次的需求明显高于其他人群，注重精神激励会起到良好的效果。

二是激励过程要注重公平性原则。根据美国心理学家亚当斯提出的公平理论，不公平使人的心理产生紧张和不安的状态，对人的行为动机有很大影响。当个人认为自己受到了不公平的对待，就会产生不满和消极行为，每个人都是用主观的判断来看待自己是否受到了公平的对待，在某种程度上，对奖励的相对值比绝对值更加重视。

三是激励要注重时效性。奖励的时效对奖励的激励效果有很大的影响，它包括两方面的含义：①奖励时机的选择。应在令人满意的行为发生后立即予以奖励，亦即正强化，这样强化的效果才能好。②奖励频率的选择。奖励不能太频繁，太频繁则使其形成习惯，起不到激励的作用，而频率太低则会降低教师的期望值，打消教师的积极性。一般而言，长期性的、完成较困难的任务以及在工作满意度高的工作岗位，激励频率应小一些，但要让他们感到劳有所值；而经常性的、容易完成的工作和工作比较艰苦的工作岗位应经常进行激励。

四是激励要适度。中庸是要人们在做事时，把握好尺度，而不是简单的折中。激励的大小要与学校的承受能力、劳动的价值相适应才能服众，才能起到良好的激励效果。激励太多，容易产生不劳而获的心理预期，产生不了工作的动力；激励太少，劳而无获，同样也产生不了积极性。

第三，有效的激励模式。一是在薪酬制度设计上，要突出工作量对薪金总额的影响。过于平均的薪酬制度设计而言，其容易使教师在达到一定目标后产生惰性，如果在现有职级的基础上进行分化，同时拉开各级别间的薪金额度，可以使教师即使达到了某一级别仍有向上努力的空间。特别是教授岗位，因往上职称已经到顶，可以在那些距离带头人层次尚远的教师群体中设置教授的级别，达到了一定的教学工作量、教学效果以及科研工作量等，就可以拿到比未达到的教师高得多的薪金，这样设置的标准就成为一种导向。

二是树立目标，激发教师的心理预期。激发心理预期也是我们经常说的目标激励法。有关目标设定的研究表明，设定恰当的和富有挑战性的目标能够产生强烈的激励作用。目标太低，激发不了积极性；目标太高，由于实现无望也同样产生不了积极性。

目标的设定应遵循的原则包括：①目标要有挑战性，要具有一定的难度；②目标要有可实现性，是指目标是教师经过自身的努力可以达到的；③目标要具有量化指标，设定的目标不能是一个模糊的概念，要有数量和质量的指标进行表示，以便于考核；④目标应由教师参与制定，所有教师，至少是绝大多数教师都可以广泛参与；⑤目标的制定要与学校的发展目标相一致。

学校要加强学科建设，提高教学质量，提升科研水平，改善教师结构，那么在教师的考核、酬金发放、职称评聘以及对教师的培养等方面都要恰当地提出对个人科研水平、教学质量以及知识结构、个人能力等方面的目标，这同时也是一种导向作用，使个人目标得以实现，间接达到学校目标的实现。

三是公平对待教师的劳动是最好的激励措施。这里所说的公平，不是平均主义，而是按劳分配上的公平。我们在日常的工作和生活中，总是会与其他人进行比较，从而产生公平感或不公平感，教师同样如此。教师对激励措施往往更看重横向的比较，看其他人在付出同样多的劳动后得到的激励与自己获得的激励是否一致，而非仅仅是获得激励的绝对数量，而且，这种比较绝对的激励对教师而言更为重要。因此，不公平的激励在效果上甚至不如不激励。

四是言必信，行必果。要注重对激励措施的兑现，不能只说不做，这包括两方面的含义：一方面是在制定激励措施时，要充分考虑到学校自身的承受能力，不能做出超过学校支付能力的承诺；另一方面是做出的承诺就要兑现，即使当初的承诺已对学校的发展失去了意义，但在学校没有明确停止激励前，仍需兑现，这样会使教师免除付出劳动却无法获得回报的后顾之忧。

五是教师参与决策是对教师的最大激励。教师参与决策是治理理论在高校管理中的一种实际体现，也是发扬民主、满足教师受尊重和信任的需要，同时能增进决策者和教师间的了解，创造出相互信任的心理氛围，还能增加教师的满足感和归属感。教师参与学校政策的制定是学校合理、正确决策的必要条件，而合理、正确的决策本身就是对教师最好的激励措施。

在一个团体中，经由民主讨论而做出的决策比由领导者独断专行做出的决策能更多地获得成员的关心和支持。教师参与决策，从实际行动上证明了教师是学校的主人，而不是旁观者。教师参与决策的方式有很多种，如教师代表大会、日常政策制定时的征求意见、经常性的沟通以及成立各种由教师为主导的委员会负责专项事务的管理。教师参与决策，可以充分利用高校教师群体的高智力资源，有利于决策的科学性和合理性，还可以体现教师在学校的主人翁地位，使教师感到自身的利益和学校的利益息息相关，更有利于调动教师的积极性，使教师资源得到更充分的利用。

二、高校教育中学生教育的管理

“在当前社会不断发展的新时期下，大学生是这个时代具有朝气与活力的新鲜血液”①。高校学生教育管理是学生教育管理中的一种。学生管理，又称学生事务管理，是指通过指导、规范、服务学生以促进学生全面发展的组织活动。学生管理有广义和狭义之分。广义的学生管理就是平常所说的学生工作，包括思想政治教育、学生事务管理、学生工作的技术与方法、学生工作考核与评估、学生成长发展指导等主要内容。狭义的学生管理是指学生事务管理的内容，它侧重的更多是一些日常事务而不是主题性、发展性教育，即班级建设与管理、新生入学管理、安全指导与管理、学生奖惩、贷款资助、宿舍管理、就业指导、职业发展服务等内容。

高校学生教育管理是高校管理中的重要组成部分，高校学生教育管理工作的水平和质量，直接关系到高校的人才培养质量、高校的改革与发展，以及高校的社会形象的树立等各个方面。因此，做好高校学生教育管理工作，是时代赋予高等高校的使命和义务。高校学生教育管理是指高等学校要以培养人才为中心，按照国家教育方针，遵循教育规律，不断提高教育质量；要依法治校，从严管理，健全和完善管理制度，规范管理行为；要将管理与加强教育相结合，不断提高管理水平，努力培养社会主义合格建设者和可靠接班人。

① 黄淑波 . 高校教育管理的创新 [J]. 中国科技投资，2019（9）：282.

（一）高校学生教育管理的原则

高校学生管理协调运作、有效管理应该遵循以下原则。

1. 实际性原则

实际性原则就是要使高校学生教育管理工作一切从实际出发，理论联系实际。因此高校学生教育管理的关键在于既要从学校的实际情况出发，又要从学生的实际情况出发。通过从学校与学生的实际出发，分解学生教育管理职能，建立和健全高校学生教育管理的组织机构，确定学生管理目标，同时研究高校学生教育管理的理想模式、制度和手段。从实际出发进行高校学生教育管理，有利于有针对性地开展高校学生教育管理工作。

2. 制度化原则

制度化原则就是要求高校学生工作者要根据国家的有关法律规定，结合高校的培养目标和办学风格，制定和运用各种制度进行学生教育管理，使得高校学生教育管理工作有章可循。高校的学生教育管理制度主要包括国家统一制定的法律规范、学校制定正式管理制度和非正式制度等。无论是正式制度还是非正式制度，都是高校在各个方面好的经验总结和积累，成为人们自觉遵守的规则。制度化原则是学生管理秩序和效率的必然要求。只有通过制度化管理，才能不断地推进学生教育管理工作的秩序性、有效性和科学性。

3. 服务性原则

高校学生教育管理要遵循服务性的原则。以服务学生的原则开展高校学生管理工作，这是对高校学生教育管理的基本定位。在高校学生教育管理中坚持服务性原则，要从学生的根本利益出发，从学生的切身需要出发，从学生的切身感受出发，本着为学生服务而不是把自己当作管理者甚至高高在上的领导。因此，在高校学生教育管理工作中坚持服务性原则，可以实现通过服务达到管理的目的。

（二）高校学生教育管理的目标

“高校的教育管理是影响高校长远发展的重要因素之一”①，高校学生教育管理的目标是提高学生的综合素质。具体而言，主要包括以下方面。

1. 科学文化素质

科学文化素质要求高校学生具有丰富全面的知识结构，较好的智能基础，积极的创造精神。这就要求高校学生要养成良好的学习习惯和正确的学习方法，树立终身学习的观念，

① 刘扬，杨蓉蓉，兰海鹏等．高校教育管理的创新 [J]. 知识经济，2016（15）：171.

同时要努力学习现代科学文化知识，热爱科学、尊重科学，不断用科学文化理论武装自己，并提高自身的知识水平。

2. 身心健康素质

身心健康素质的要求包含“强健的体魄”和健康的心理两个方面。强健的体魄要求学生积极参加文体活动，提高身体素质。心理健康表现为“诚实守信，严于律己；明礼修身，团结友爱”。只有强健的体魄和健康的心理，才能具有良好的个性和健康的人格，才能更好地适应社会、更好地为社会服务并贡献自己的力量。

（三）高校学生教育管理的意义

1. 建设和谐校园的需要

建设和谐校园是建设和谐社会的重要组成部分，同时也是当前高校发展的基本趋势。在我国高等教育由精英化转向大众化的过程中，由于高校招生规模的扩大，学校相应的教学基础设施、师资队伍、教学质量、办学方式等都严重滞后了高等教育的发展，也影响到了和谐校园的建设。

由于学生是建设和谐校园的重要参与者以及和谐校园建设的最活跃的因素，因此，没有学生的积极参与，和谐校园的建设就缺乏牢固的基础。高校学生教育管理者要激发学生的内在动力，提升学生的参与意识、主体意识、服务意识与责任意识，这是建设和谐校园的关键所在。就和谐校园建设而言，高校学生教育管理工作是其关键环节。只有不断加强高校学生教育管理工作，并实现高校学生教育管理的规范化、科学化、制度化、法制化，方能体现学校管理的公平与公正，学校秩序才能够稳定有序，和谐校园建设才能够不断深入推进。

2. 引导学生健康成长的需要

教育是培养人的活动，教育的本质属性更主要应当表现为：它要使受教育者能够在已有的各种现实规定中奋起，去追求新的自我、新的世界；使得一切文化、知识、道德规范，等的接纳，在他们身上得以产生生成性的变化，转化为创造的潜力；使得受教育者能以一种批判的向度去面对、掌握、审视现实生活和现实世界。通过科学的学生教育管理工作，能够使学生树立积极、健康、向上的心态，从而促进学生的健康成长。只有不断加强高校学生教育管理，才能把国家的外在要求和受教育者的内在需求联系起来，把外在压力转化为内在动力，把外在要求内化为学生的需要，从而促进学生健康成长成才。

（四）高校学生教育管理的理论依据

1. 人本管理理论

人本管理理论反映了当代社会中人们对人自身价值的认识，是与知识经济时代要求相适应的现代管理理论。从本质上来看，人本管理理论是与物本管理理论相对相应的，人本管理理论要把以人为本作为管理的最高价值取向，要把尊重人、理解人、关心人、满足人的需要、促进人的发展作为管理的根本出发点。

将人本管理理论作为高校学生教育管理的理论依据，是在素质教育时代对理想的学校教育管理模式的追求。高校学生教育管理坚持人本管理理论，就是要充分尊重学生的主体地位，始终把学生的利益和需要作为高校学生工作的根本出发点和归宿，在学生教育管理过程中注重维护和发展学生的各方面利益，满足学生发展的需要，发挥学生的主观能动性，从根本上推动学生能力的不断发展和个性的发挥，促进学生价值观念的形成，从而实现学生的全面发展。

2. 自我教育理论

所谓自我教育，就是用一定的尺度来衡量自己。让一个人去关心另一个人，力求看到自己身上的好的东西在另一个人的身上表现出来。没有自我认识，就既不可能有自我教育，也不可能有自我纪律。自我教育的全部问题就在于要能够强制和控制自我。因此，自我教育的本质在于一个人对自己有自我认识，能够强制自己，战胜自己，能够自己安排自己的事，能够主动去关心别人，才是真正地开始了自我教育。在全面推进素质教育的高等高校，只有在学生教育管理中坚持自我管理理论，从而使学生提高自身的思想觉悟和道德境界。

3. 目标管理理论

目标管理是20世纪50年代美国管理专家彼得·德鲁克所提出和创立的一种新的管理理论。目标管理理论具有三个主要内容，具体如下。

（1）目标管理理论注重结果。目标管理理论是一种以最终的工作结果来评价人的工作情况，并且上级管理者以目标完成情况来考核和评价工人，并以此作为对工人进行奖惩的依据，这样使考核更加科学合理。

（2）目标管理理论强调建立目标管理体系。单位组织的最高层管理者为组织确立总的整体目标，然后对组织的总的整体目标进行科学合理的分解，把总的整体目标变成各个部门的目标，各个部门再对分目标进行分解具体到每个人的身上，以此建立协调一致的目标体系。

（3）目标管理理论重视人的因素。目标管理理论强调自我控制，即员工不是被迫或压制地去控制，强调上下级都参与目标的制定，因而目标管理理论是一种自我控制的、参与的、民主的管理理论。将目标管理理论作为高校学生教育管理的理论依据，能够极大地提高高校学生教育管理工作的工作效率，培养高校学生的创新精神和参与精神，从而积极地调动学生的积极性、主动性和创造性，使学生顺利达到高校教育目标所要求的水平。目标管理理论为我们在新形势下，做好高校学生教育管理工作提供有价值的理论依据。

4. 过程型激励理论

过程型激励理论主要是以弗罗姆的期望理论和亚当斯的公平理论为代表。在弗罗姆的认知中，人的期望是激励人的行为达成目标的动力。在弗罗姆看来，人的激励力量取决于人预期达到结果的乘以达成该结果的期望概率。换言之期望理论认为，人之所以能够从事某项工作并达成目标，是因为这些工作和组织目标会帮助他们达成自己的目标，满足自己某方面的需要。公平理论是美国心理学家亚当斯所提出来的，也是激励理论的主要代表。公平理论主要解决工资报酬的公平性对人产生的影响。在公平理论中，个体不仅管理自己工作所获得的报酬，同时也关系自己所获得报酬的相对量。换言之，人往往通过比较来确定自己所获报酬是否合理，即公平性往往直接决定着今后工作的积极性。

当前，高校学生因为自身成长环境的特殊性，呈现出很多新的特点，需要在学生教育管理工作中充分运用过程型激励理论。当学生在学习、工作、生活中，出现倦怠情绪的时候，需要得到学生工作者的支持和肯定，同时，学生工作者也要善于对学生进行正反两方面的奖惩教育进行引导，能够公平地对待学生。以此，在高校学生教育管理工作中，过程型激励理论是一种基本理论。

（五）高校学生教育管理的形势分析

1. 现代社会发展的新变革

（1）全球化时代背景。人类社会日益进入全球化时代已是不容置疑的客观历史事实。全球化是一个多维的过程，包括社会、政治、经济、文化等诸多领域的变革。因此，经济全球化、政治全球化、文化全球化，这些领域变革的总趋势是相互交往的加深与扩大，而且这些领域相互之间的联系程度也在加深。随着现代科学技术的发展，特别是网络信息技术的发展与普及，为全球化提供了超越时空约束的物质手段。

在全球化背景下，各民族国家之间、各地区之间的联系、沟通已经明显增强。各国家之间、地区之间的相互依存及优势互补极大地推动了人类和社会的全面发展。然而全球化也是一把双刃剑，即在对我国社会主义现代化建设产生积极影响的同时，也对社会产生了不同程度的消极影响。对于全球化背景下的高校学生教育管理而言，学校逐渐由封闭转向了开放，由面向国内转向了面向国际，特别是对于思想活跃的当代学生而言，他们好奇心强、求知意识旺盛、易于接受新事物，但是辨别是非的能力尚不成熟。因此，全球化的时代背景是高校学生教育管理工作面临的总体背景。

（2）多元文化的影响。伴随全球化进程的加快，在现实社会中文化提供给人们的将不再是单纯的色彩、固定的理念，而是以丰富多彩为特征，是本土文化、外来文化和由多种文化融合而产生的混合文化共存的局面。世界上不同的地域、不同的国家、不同社会制度下的文化相互融合、吸收、并共处于同一个环境之中。

因此，我国的文化结构也呈现出多元化的趋势。多元文化为社会开辟了丰富的文化景观，开辟了人们的知识视野，同时人们可以按照不同的文化趣味进行选择，这在一定程度上，说明了多元文化存在诸多的影响。

（3）网络信息的双重效应。21 世纪的人类社会将变成“信息社会”。以互联网为代表的信息技术的高速发展，不断改变着整个社会的生产、生活方式，使整个地球变成“地球村”成为可能。随着网络信息技术的发展，学生可以充分利用网络这一便捷资源获得丰富的信息资源。换言之网络是现代社会中人们认识世界的一种重要的和新型的方式。人们通过网络信息技术不断地认识世界和改造世界并进行着自我认识与改造，因此现在社会中人们往往被称为“数字化生存”或“网络化生存”。

对于高校学生而言，网络信息技术可以开阔眼界、活跃思维，促进观念更新。但是网络信息技术的发展，也对学生产生了一定的消极影响，当代学生更倾向于习惯用电脑、电话及手机短信等现代信息工具进行交流。这些现代化的网络信息工具为学生教育管理营造了一个现代化的时机，同时也“无情地剥夺了下一代身心健康成长应有的亲近自然、和谐伙伴和童年情趣等宽松环境”。因此，网络的虚拟性给高校学生教育管理工作的有效开展带来诸多的不利。

2. 高等教育改革的新趋势

（1）精英教育转向大众教育。如今，高等教育的规模发生了历史性变化，由精英教育转向了大众教育。从精英教育到大众教育的转变，是我国高等教育改革的重要成果，它使更多的人享受到高等教育，提升了国家的整体教育水平，提高了我国人民的素质，促进了我国向教育大国的迈进，同时也使我国人口素质由人口大国向人力资源强国转变。

但是，在我国高等教育由精英教育向大众教育转变的过程中，由于高校扩招增长速度过快，使高校招生规模极大超越了高校的承载能力，高校的硬件设施难以满足众多学生的各种需求，教室、宿舍、食堂、实验室、图书馆等设施严重不足。同时师生比例也极为悬殊，专业教师队伍与专职辅导员队伍都没有得到及时的补充。这些因素都直接影响了当代学生在高校学习期间的学习和生活质量。

（2）施行学分制、弹性学制。学分制是现代高等教育所普遍采用的教学管理模式。学分制打破了以往年级制的约束，而允许学生从自身的知识基础、兴趣、能力出发进行跨学科、跨专业地选课，可以增强发挥学生自主学习的能力，拓展学生学习的空间和知识视野，凸显了学生的主体地位。

学分制是高等教育适应市场经济体制、适应社会需要的一种现代教学管理模式。学分制的实行是现代高等教育发展的普遍趋势，对于高校改革与发展具有重要的价值意义。一方面，学分制符合时代发展对培养创新型人才的要求；另一方面，学分制有利于培养自我教育的意识。由于学分制、弹性学制的实施，传统的以班（年）级为核心的学生教育管理模式的成功做法和经验，正在逐渐地丧失优势，学分制为学生自主学习、充分发挥学生的特长创造了必要的条件，增强了学生自主学习的能力，提高了学生的综合素质。

同时，由于学分制和弹性学制的实行，目前的高校学生教育管理方式难以对学生实行统一的模式化管理，难以对学生群体实行有效的监督。因此，学分制和弹性学制的实行，在增加学生自主和学生自由学习空间的同时，高校的学生教育管理体系在如何建立相应的教育、管理、引导机制，既加强对学生的科学管理，同时又促进学生个体的个性发展，这已成为高校学生教育管理中必须解决的重大问题。

（3）高校后勤管理体制改革。高校后勤管理体制改革是我国高等教育改革的重要组成部分，特别是随着我国近年来高校后勤管理的社会化改革，打破了我国传统高校与社会之间的壁垒，也在一定程度上促使学生生活环境的社会化。换言之，高校后勤管理的社会化改革是我国社会主义市场经济体制下高等教育领域中的重大改革，是高等教育发展的必然趋势。后勤社会化改革使高校学生近距离地与社会接触，体验到竞争的残酷和激烈，能使学生学会了面对市场经济进行思考。特别是部分学生通过参加勤工助学和志愿服务等社会实践，养成了吃苦耐劳的精神和勤劳俭朴的品格，培养了自我控制、自我管理、自我服务的能力。

高校后勤管理体制的社会化改革提高了学生学习和生活的质量。但是高校后勤管理体制的社会化改革也引发了一系列的矛盾，特别是随着学生的娱乐、社交、社会工作等逐渐走出校园，并且诸多社会因素涌入校园，这些都增加了高校学生教育管理的难度。而且后勤的社会化改革将学校与学生的关系由原来的管理者和被管理者的关系转变为经营者与消费者的契约关系，由此在学生教育管理过程中导致了诸如管理理念、价值取向等不同层面的问题，增加了学生教育管理的难度。

3. 高校学生呈现的新特点

（1）思想认识多元化。从总体上而言，当代学生的主流是好的，他们中的绝大多数是热爱社会主义的，他们有较高的思想素质和道德观念，有较强的责任感和使命感。他们的爱国热情高涨，理想信念坚定；能够健康积极看待人生，务实进取实现自我；拥护高等教育改革，注重全面素质提高。但是由于社会和家庭等环境多方面的影响，当代学生，特别是“00后”的学生在性格特征、社会使命感、智能结构与心理品质等方面又有着特殊的表现。

第一，当代学生的自我意识突出。当代学生，特别是“00后”学生不再简单依赖着老师、家长和社会的赏罚，也不会被动和盲目地遵从某种既定的社会价值范畴，他们的自我意识突出，自主性较强，善于追求自我选择和实现自我价值。

第二，当代学生逆反心理突出。有些学生喜好标新立异，对待社会问题往往带着批判甚至是反叛的心理，从而在许多问题上带有偏激的论调。

第三，社会责任感呈现情绪化色彩。由于当代学生自我意识突出，逆反心理突出，加之缺乏社会实践的锻炼，他们的社会责任意识淡薄，而且往往带有浓厚的情绪化色彩，所以许多社会重大事件上往往受情绪所左右，而失去了正确的立场和判断能力，进而在行为上导致了严重的社会后果。总而言之，当代学生的个体意识强、参与意识强、成才意识强，但集体意识弱、协调意识弱、服务意识弱。这种思想认识的多元化影响了学生的健康成长，增加了高校学生管理工作难度。

（2）性格特征复杂化。当代学生性格特征的复杂化主要体现在以下方面。

第一，心理及个性化发展的不协调。当代学生，特别是“00后”学生中独生子女的所占的比例较高，这些学生绝大多数具有较强的自我意识、竞争意识和自强精神，追求个性化发展，因此他们的自控能力较差、团队合作意识和集体主义观念较弱，心理素质不高。一些学生因学习和就业的压力、人际关系不和谐、环境不适应、感情受挫等原因，容易产生心理障碍，导致出现厌学厌世的现象。

第二，渴望与满足的不协调。当代学生处于“知识爆炸”时代，他们迫切了解新知识、吸收新观念，选择知识的目的性逐步增强，对知识的学习要求也较为强烈，对知识充满了渴望。但是他们绝大多数只满足于热门、自己的喜好和眼前的需要，而对自己的理论水平、实践能力、业务知识、社会交往等综合素质方面缺乏正确的判断和准确的定位，并缺少更全面、更长远和更高的目标与要求。

第三，务实与实惠的不协调。在市场经济条件下，个人的发展机会与前景、工资待遇的多少、职位的高低成为学生择业的重要标准和评价指标。因此，当代学生更多地关注与他们自身的生存发展相连的社会实际。但当代学生对社会竞争激烈的复杂性认识不够，特别当代学生的性格复杂化致使学生对学校、社会的期望值较高。当代学生自我意识较强，但对实现自我价值的困难认识不足。由此，为高校学生教育管理带来了困难。

（3）学习生活方式多样化。当代学生学习生活方式的多样化主要体现在以下方面。

第一，学习方式的多样化。当代社会正处于知识经济社会以及信息化时代，学生获取知识的途径不再单纯地依赖于课堂听课这一主要方式。学生的学习方式也呈现出多样化的趋势，诸如学术交流途径、多媒体教学、网络途径、社会实践途径、自学途径等都可以丰富学生的知识学习。

第二，生活方式多样化。当代学生的生活方式也呈现出多样化的特征。有的学生把自己大量的时间都放在学习上；有的学生利用业余时间来打工挣钱；有的学生喜欢和同学们结伴去旅游；有的学生喜欢体育运动；有的学生生活起居很有规律；有的同学生活起居无规律，等等。学生学习生活方式的多样化的原因是多种多样的，既有地域差异，又有性别差异；既有兴趣差异，又有爱好差异。除此之外还突出表现在学生的经济状况和生活来源的差异性。一般而言，贫困学生的思想负担较重，性格内向，自卑心理较重，不善于表达，“不合群”。相对于城市学生而言，农村学生更容易出现心理问题，因为他们承受的变化更多。

（六）高校学生教育管理模式创新探究

随着经济全球化日益深入、政治体制改革不断深化，高校学生教育管理模式出现培养结构复杂化、教育管理专业化等一系列新变化、新特点、新要求。探索高校学生教育管理的有效模式，成为加强和改进学生思想政治教育工作的当务之急。

1. 拓展高校学生教育管理有效模式

学校教育要坚持育人为本、德育为先，把人才培养作为根本任务，把思想政治教育摆在首要位置。教育改革和发展的核心是全面推进素质教育，培养更多高素质人才，从学生素质培养这一主线出发，探索学生教育管理有效途径。

（1）引导与尊重学生的自主性。在当前时代背景下，学生的主体性不断增强，他们在思想上强调自主性。我们既要充分引导学生树立正确人生观、价值观，又要做到尊重他们的自主权利，尊重其个性发展，并采取平等的方式进行教育；既要做到敢于批评其错误思想，又要以平等的态度去与他们交流，进行正确合理的引导。教师要多采用讨论、启发、示范等疏导方式，引导学生独立思考，激励自我教育的自觉性。学生是教育的主体，要坚守以学生利益为先的阵地，把学生的需要当作第一要务，坚持“以人为本”，要因势利导，充分尊重与发挥学生的自主性。

（2）探索与提升学生的创新能力。当代科技社会，创新能力决定着个人、集体乃至国家的发展潜力，作为祖国未来建设主力的高校学生们尤其需要创新能力。学生教育管理工作者要不断创造和改善培养学生创新能力的良好环境，课堂上鼓励引导学生积极讨论并提出自己的创新观点，为学生的新想法新思路提供摇篮；鼓励学生踊跃参加各类科技竞赛、专业技能训练等活动，使其创新思想在实践中得到实现并进一步发挥；引导学生创建各类业务兴趣社团，组织开展学生科技创新活动，营造鼓励创新、鼓励开拓进取的良好氛围环境。

（3）注重与加强学生的就业能力培养。首先，通过职业生涯规划指导，鼓励学生从大一开始进行自我规划，让明确的目标成为其贯穿始终的积极动力；其次，建立学生与用人单位双向互动机制，鼓励学生实习见习，在实践中将课堂所学知识活化、实用化，从实践中积累经验，实现快速的个人成长，同时也使用人单位了解学生情况，以便于以后上岗培训更切实有效；最后，通过面试临场技巧讲座、职场模拟等活动，引导学生树立正确的择业心理，培养学生的就业意识、就业能力，启发学生从传统的就业观向创业观转变，从实现自我价值上升到要为社会创造价值，使工作不仅成为其生产生活的个人内在需求，更上升为一种社会责任的履行。

2. 凝聚辅导员队伍与学生骨干双重力量

（1）充分发挥辅导员队伍在学生教育管理的主导作用。辅导员是从事德育工作，开展学生思想政治教育的骨干力量，是学生健康成长的指导者和引路人。辅导员队伍建设是一项长期且系统性工程，借助以管促建，发挥辅导员在学生教育管理的主导作用。

第一，鼓励辅导员提高自身的业务水平，为大家提供心理学、教育学培训机会，通过社会实践、外出考察等途径提高辅导员的业务能力，开拓他们的视野。

第二，坚持辅导员的家长联系制、工作日志制，在全院范围形成严抓学生素质教育、促进学生素质培养的工作氛围。

第三，鼓励辅导员“新老结组”“优势互补”根据辅导员的工作经验、工作年限和专业特点，使新老辅导员在工作上结组，不仅加强了辅导员之间的业务和经验交流，也激励了辅导员探索工作新思路。

总而言之，扎实推进辅导员工作，提高辅导员的素质，从而保障学生的教育培养质量。辅导员的教育作用主要体现在学生的思想政治教育、品德教育、就业指导与服务、心理健康的一般咨询与辅导等方面。他们通过指导学生实践，培养学生的创新精神和实践能力；通过咨询与辅导，解决学生在人际交往、学习、生活、择业等各方面的问题；通过教育与引导激发学生的学习兴趣，培养学生的学习习惯，切实做到以导促建，发挥辅导员在学生教育管理的主导作用。

（2）充分发挥学生骨干队伍的榜样作用。优秀的学生骨干相对于书本上、媒体上的公众榜样更贴近于学生，更具有亲和力与说服力，其目标的可达到性也更强，所以优秀学生的榜样作用往往会在广大学生中引起较大的反响。因此，抓好用好优秀学生骨干典型，通过典型示范和引领激励，以点带面推动全局工作，是行之有效的学生教育管理工作方法。

第一，设立光荣榜、举办交流会。通过光荣榜、学习经验交流会、优秀毕业生座谈会等形式可以让广大在校生认识、了解优秀学生的先进事迹和奋斗历程，明确自己的未来发展方向，既充分发挥先进典型的榜样作用，又教育和带动了广大学生勤奋学习，取得了较好的示范效果。

第二，发挥学生党员模范作用。采取谈心、补课、共同自习等方式，在学业、思想等方面影响和带动其他同学的生活与学习。这样不仅有利于整个集体学习氛围与生活热情的培养，也有助于培养学生互帮互助、互相关怀的美好品德，有利于个人成长，由此形成学风建设与学生管理的良性循环。

3. 形成“教师—家庭—后勤”的管理模式

（1）配合任课教师，增强高校学生教育管理的实效性。课堂是第一阵地，教学工作是高校教书育人的关键环节，学生教育管理应紧紧围绕第一阵地开展。为了增强高校学生教育管理的实效性，从课堂效果着手，努力搭建与任课教师的桥梁，例如，开展听课制度、发放联系卡。通过听课，对于学生反映较为集中的问题，要积极向有关部门反映，及时处理，做到不拖沓，不回避。

通过向任课教师发放教学联系卡，与任课教师建立紧密联系，则能够及时了解和掌握学生课堂情况，并及时对教学做出相应调整，使教学任务能更好地完成，教学效果得到更好体现。同时，任课教师要根据学科要求和课程内容、特点，结合班级实际情况及时进行课堂上的思想政治教育与反思，充分发挥任课教师在学生教育管理中的引导作用，引导学生正确的人生观和价值取向。如此，最终形成学院—学生教育管理工作者—任课教师三方联合的局面，切实提高了学生教育管理工作的针对性，增强了高校学生教育管理的时效性。

（2）引入家庭管理，延伸高校学生教育管理途径。在培养学生方面，学校与家庭的目标是一致的，都希望学生顺利成长、成才。但是，由于学生大部分时间在校园度过，很多家长不知道、不了解他们的思想状况，以及发展趋势，使得原本可以互补增益的学校教育与家庭教育之间出现对接盲点。反之，家长与学生管理者联合起来后，便可以实现优势互补，形成一种合力，在对高校学生的知识教育与德育教育上都将有所裨益。

高校教育延伸至家庭的方式多种多样，如可通过“致家长一封信”使家长对学生的在校情况有所了解，进而对学生的学习进行相应督促，对其思想道德教育进行相应补充，并产生及时反馈；通过定期实地的家访也使学校能够了解学生的具体经济、家庭环境等情况，再进行具体分析进而实现“以学生为本”的针对性教育，使教育效果更佳；还可通过电话联系等方式与家长建立长效联系机制，切实形成家庭与学校联手，保证信息的双向传递，在教育上达到目标一致、方法互动、内容互补的良好结果，把学生培养成道德高尚、紧跟时代、创新进取、身心健康、有一定审美情趣的全面发展型合格人才。

（3）强化后勤管理，拓展学生教育管理阵地。随着高校的扩招以及后勤社会化改革的不断深入，学生公寓等硬件设施得到了极大的改善和提高，但与此同时，也遇到一些新的困惑和突出问题。

第一，公寓管理人员虽然能够最先掌握学生公寓情况，但在一定程度上不能及时解决学生宿舍内出现的问题，出现延时性问题，导致问题虽然有反映但是无回应，甚至削弱同学反映问题的积极性。

第二，学生对后勤管理人员对其管理要求不能做到充分重视与遵守，也造成了一系列管理困难。针对这些，我们可以与后勤托管公司建立学生公寓联动共管机制，即通过建立学生工作办公室与学生后勤联系沟通制度和辅导员与学生所在公寓联系制度，推动学生公寓管理实现联动共管、优势互补，按期对公寓卫生和安全隐患情况进行检查，关注宿舍各种情况，并做到及时通报，有效地拓展学生教育管理阵地，加强学生德育。

总而言之，高校学生教育管理模式是一个复杂的系统工程，构建新的模式应该从学生本身实际需求出发，选择反映时代要求、条件成熟、容易接受、确保效果的手段和途径，找准学生教育管理工作切入点，提要求、定任务，紧紧围绕国家对新时期高素质创新型人才的培养要求，真正做到点对点、面对面地解决学生学习、生活、就业过程中的实际问题和当头问题，探索有效的学生教育管理模式。

第四节 高校教育中工匠精神培育路径探究

立德树人是各阶段教育的根本任务，是时代发展的要求，具有鲜明的时代特征，是培养德智体美全面发展的社会主义建设者和接班人的核心所在。在新时代“大众创业，万众创新”的背景下，全社会都在鼓励继承、发扬和创新工匠精神，高校作为国家育才的主阵地，要坚持和贯彻立德树人的根本任务，将培养具有高素质工匠精神的学生作为普通高校的新目标。

教育阶段是人生的关键阶段，是学生一生中各方面素质成型的关键期，研究立德树人和工匠精神的契合性，探索立德树人和工匠精神结合下，高校思想政治教育中培养学生的新路径，对于践行社会主义核心价值观，提升高校育人育才质量和学生自身发展都具有十分重要的意义。

立德树人是指作为起主导功能的教育者不断涵养内在品质，并能以身作则、身体力行，引导受教育者树立正确的世界观、人生观、价值观，培育与社会发展相适应的人才。立德树人，主要表达的是身正为师范、德育为先导、育人为根本的理念。由此可见，立德树人是新时代教育的重要任务，也是新时代育人育才的关键所在。工匠精神是从业人员的一种职业价值取向的行为表现，是从业过程中对职业的态度和精神理念。

发扬工匠精神就是要发扬实事求是、脚踏实地、甘于奉献、精益求精、不断创新的精神，要敬业、乐业、创新业。新时代要大力弘扬雷锋精神，一方面要继续弘扬其无私奉献和乐于助人的精神；另一方面也要弘扬其敬业、乐业的工匠精神。立德树人和工匠精神不单单饱含在中国传统文化的优秀思想中，还是我国社会主义核心价值观的重要体现，更是新时代中国教育的核心理念。

一、高校教育中工匠精神培育的重要意义

（一）促进国家的发展

弘扬劳模精神和工匠精神，这是国家领导人从国家长远发展的角度提出的理念，坚持立德树人，培育和发扬工匠精神已成为时代的呼声，学校作为为社会培养人才的基地，更应该以立德树人为根基，注重培育学生的工匠精神，响应国家的号召。

（二）促进高校教育的发展

立德树人是高校思想政治教育的重要环节，立教师之德、树学生之人生榜样。工匠精神亦是高校思想政治教育不可或缺的一部分。高校教育在教育改革创新和经济社会发展中处于突出的位置。应用型将是未来普通高校发展的方向。当今的世界，科学技术飞速发展，文化形式和内容越趋多元，各种思想交融影响，再加上网络和自媒体的全球化，导致学生的成长成才环境发生了很大的变化，高校教育也面临着环境的考验。

在当前形势下，高校教育培养的应用型人才是社会经济发展亟须的人才，着重学生立德树人和大国工匠精神的培养，引导学生践行社会主义核心价值观，培养具有高素质的应用型人才，可以促使学校在课程规划设计、实践平台搭建、创新改革加强等各方面进行资

源优化和整合，不断完善高校教育的结构，有效促进普通本科高校的教育向培养大国工匠、能工巧匠的应用型教育转型发展，更能形成有针对性、有特色的人才培养路径和模式。

（三）促进学生自身的发展

以立德树人为根基，工匠精神的培养对于新时代学生的成长成才具有重要的现实意义。随着我国社会经济结构的不断深入调整，许多国资国企都在进行转型优化，这就意味着社会和企业需要庞大的具有工匠精神的创新型高素质人才。工匠精神的培育可以培养学生精湛严谨、敬业守信、敢于创新等职业素养，也可以帮助学生将工匠精神的内涵内化，形成良好的行为习惯和自我管理模式，提升学生就业、创业的竞争力。

二、高校教育中工匠精神培育的路径分析

（一）将工匠精神培育纳入思想政治教育

坚持价值教育导向，将工匠精神的培育纳入学校的思想政治教育，贯穿立德树人的全过程。高校是培养具有工匠精神的高素质人才的主要阵地，学生接受高校教育时期，也是其人生的关键阶段，所以，高校在思政教育工作中，要主动创新工作方式方法，与立德树人、工匠精神相互融合，要坚决以社会主义核心价值观为引领，教师要充分发挥以身为范的榜样力量，加强分类指导，立德树人。

高校要系统地构建“全课程思想政治教育”体系，将立德树人和工匠精神教育贯穿其中，不断完善高校的“思政课程”与“课程思政”相结合的思政教育平台，建立健全学习机制。根据当代学生的特点，在不同阶段、不同层次、不同年级、不同专业设计具有针对性的思想政治教育举措，如根据专业特色，在讲解专业发展史的过程中融入红色文化精神。不仅要将原有的、传统的思想政治教育作为主要的教育渠道，还要开发专业课程、通识课程和其他必修课程的思想政治教育资源。同时，还要扩展到课余活动、班风和学风建设、社会实践活动等教学环节，穿插立德树人和工匠精神教育，让辅导员、行政管理人员等岗位的教职工也进入课堂，使理论与实践、生活相结合，使工匠精神牢牢地扎根于学生的灵魂中，内化成他们的重要品德。

（二）将工匠精神培育融入校园文化建设

弘扬工匠文化，将工匠精神融入校园文化建设中，提升学生的职业素养。一所高校的校园文化是学校的精髓所在，是展示学校风貌、凝聚师生力量的根本，也是影响学生人文

素质、提升学生职业素养的重要因素。高校作为培养具备工匠精神学生的主阵地，要全面推进校园文化建设，构建立德树人、以人为本、德育为先的教育体系，打造良好的校园文化氛围，厚植和弘扬工匠文化，引用当前国家、社会的先进事例，着重加强培养学生爱岗敬业、吃苦耐劳、勇创新业的职业素养，使新时代学生增进民族自豪感、拥有家国情怀，具有顽强拼搏、敢于担当的精神。

（三）将工匠精神纳入创新的核心驱动力

打造实践平台，将工匠精神纳入创新的核心驱动力，进一步推动学生创新创业。在全社会倡导大众创业、万众创新的时代背景下，高校学生是推动整个社会创新创业向前发展的中流砥柱。高校要充分搭建和使用实践平台，把工匠精神作为创新的核心驱动力，深入挖掘学生创新实践的潜能，学校可以从以下途径进行推进。

第一，加强产教融合，将工匠精神与学业生涯规划、职业生涯规划教育相结合，贯穿课堂教学、实践实训、课余活动的全过程，使理论与实践相结合，提升学生对理论的理解和专业技能的动手能力。

第二，加深校企合作，与成熟的、专业的企业建立合作关系，根据学校的专业邀请企业的管理人员、专家、创业典型人物到学校开办课堂，组织讲座，让学生特别是即将毕业的学生亲身体会创新创业的魅力，给予学生实践创新创业的理念和勇气，激发学生创新创业的热情，并能在校企合作提供的实习实训基地进行实践。

第三，完善理实一体化，从人才培养方案的规划设计，到课程方案设计、课堂教学，再到实践教室、实践基地建设，最后到学生实际动手操作，这一系列都要以培养学生专业技能的实际动手能力为出发点，让学生根据所学内容进行自我项目设计、规则设计，充分发挥学生主体性，真正做到在学中做、做中学，在亲身实践中不断提升自己的各方面能力和素质，真正成为“大国工匠”。

第五章 工匠精神与高校德育教育的融合培育

第一节 工匠精神与高校德育的相互关系

一、工匠精神是高校德育的重要内容

“工匠精神的普及是高校德育工作的关键”[①]，学校德育的内容涵盖多个部分，其中理想信念教育层面、中国精神教育层面、道德品行教育层面以及职业生涯教育层面的内容，均与工匠精神有着千丝万缕的联系，具体内容如下。

（一）理想信念教育层面

“理想信念教育”即指职业理想教育，要求“立足岗位、奉献社会”。爱岗敬业的奉献精神是工匠精神的内涵之一，就是对自己的职业常怀敬畏之心，不能玩忽职守，把自己的工作当作毕生的事业，珍爱自己的行业如爱惜自己的生命；踏踏实实、兢兢业业，不断追求知识和技能的进步。

（二）中国精神教育层面

工匠精神是指工匠们对自己的产品精雕细琢，从而使自己的产品一步步接近完美的精神理念，是中华民族的传统美德，更是新时期应该大力弘扬的时代精神。早在我国古代，就已经出现了具有工匠精神的手工艺者。我国最早的诗歌总集《诗经》中用“如切如磋、如琢如磨”来形容工匠具备的精益求精、严谨细致的精神。此外，《庄子》当中的“庖丁

① 于慧 . 探讨思政教育与工匠精神在高校教学中的实践 [J]. 魅力中国，2021（32）：223.

解牛”；伟大的木匠师祖鲁班；建筑大师喻浩等，他们都足以证明工匠精神是早已有之的中华民族的传统美德。而在社会经济飞速发展的今天，我们更应该以产品的质量立足世界之林，赋予工匠精神更多的时代意义。

（三）道德品行教育层面

道德品行教育中涵盖了职业道德的内容，也提到了个人品德教育；还要利用开设专题教育规范学生的日常行为，文明礼貌、环境保护等。具备工匠精神的技术技能人才都具有严谨细致的工作态度。态度上严肃认真，行动上细致细心，不放过任何微小的部分，追求产品的高质量，并坚持以严苛的标准做检验，未达到要求绝不交货，这不仅是工匠精神的内涵之一，更是作为工作者最基本的职业道德。

（四）职业生涯教育层面

职业生涯教育部分中包括职业精神教育。职业精神，是人们在职业活动中所表现出的态度和作风，是职业层面对于道德情感的坚守，它包括职业理想、职业作风等因素，从实践层次要求从业者具有敬业、勤奋、创新等特质。虽不能说工匠精神等同于职业精神，但是两者有太多的交叉点。工匠精神的核心内涵之一是对精益求精的不懈追求，一丝不苟、精益求精、注重细节、追求完美和极致，这是一种职业态度，换言之，这是一种职业良心，是职业精神。

总而言之，工匠精神与德育的内容是同根同族，一脉相连，工匠精神本就是高校德育的重要内容，也应成为高校德育的重要内容。

二、高校德育是培育工匠精神的主要手段

教育的主要目标是促进就业，想要在就业市场上占有一席之位，就必须成为合格的技术技能型人才。学校通过充分了解行业要求和企业需求，确定了专业理论、技术知识等主要教学内容，从而使学生能够依靠自身的手艺、完备的理论知识以及高尚的品格实现就业。工匠精神是一种高尚的品格。如果想要成为合格的技术技能人才，必须具备工匠精神。而学校要想实现促进就业的目标，就必须培育学生的工匠精神。

但是，要想把工匠精神的培育落到实处，不能只是单纯从宏观领域落实，而应该从微观出发，找寻合适的方式与途径成为工匠精神培育的落脚点。立德树人是我国一直强调的教育大方针，那么，学校完全可以把德育作为一条出路，甚至是命定的选择，把德育的特点和优势最大程度发挥出来，将工匠精神融入学校德育当中去，以德育课堂教学为主阵地，

辅之以社会实践教学，并且充分挖掘和提炼各门学科中的德育因素，建构良好的校园文化氛围等，通过把工匠精神融入学校德育，来更好为学生个人精神层面的成长服务。

三、工匠精神培育是高校德育的重要目标

“工匠精神符合社会主义核心价值观中倡导的精神内涵，对我国新时代高校教学工作具有一定的指导意义”①。高校德育最基本的目标是要使学生成为一名合格的公民。目前，学校普遍存在重视智育、轻视德育的现象，仅重视学生的理论知识和专业能力，而忽视精神层面和道德层次的培育，或者在“重视德育”的外衣下，实际工作却是徒有其表。由此可见，工匠精神培育是高校德育的重要目标。

四、工匠精神培育是新时期德育工作的着力点

近年来，国家对于教育改革与发展日益重视，学校的办学规模不断扩大，办学模式逐步改革完善。但是，受外部大环境的影响，学校片面重视学生理论知识、专业技术水平的培养，重视专业课，缩减德育课的课时，忽略德育课教师的培训，工匠精神难以培养。我国经济转型升级以及由“中国制造”向“中国质造”发展的趋势对技术技能人才提出了更高的要求，在“中国制造”向“中国质造”根本转变的过程中，要大力培育与弘扬工匠精神，从而不断创造出更具优良品质和丰富内涵的产品。

如今，工匠精神已经成为每个人走向工作岗位的敲门砖，是企业生存、发展的保证，更是学生就业和个人发展的需要。但是，实际情况是找的工作往往专业不对口，所用非所学，甚至根本找不到理想工作。很多时候，这与他们的理论知识，与他们的技术水平并没有太大的关系，而是没有具备良好的工匠精神，对待工作没有精益求精的追求和严谨细致的态度。所以，不具备工匠精神定会阻碍学生的求职之路。因此，我们必须要将高校德育教育工作的着力点转到加强对学生工匠精神的教育上来。

五、工匠精神培育与德育的结合推动德育改革

（一）德育教师和工匠精神

工匠精神融入学校德育，教师的作用不容小觑。教师在德育中发挥着主导性的作用。教师在德育课堂中，要充分发扬工匠精神，培养更加优秀的学生。在德育过程中，教师要

① 邓礼娟．高校思想政治教育中工匠精神的培育路径探索 [J]. 区域治理，2020（24）：231.

发自内心地认同工匠精神，认同工匠精神的内涵和重要性。除此之外，教师还要以身作则，为人师表，做好表率作用，一个具有工匠精神的教师，对于学生工匠精神的培育是大有裨益的。教师在教学过程中，要像工匠一样耐心、细心地去教导、关心自己的每一位学生。学生在这种教师的带领下，在教师人格魅力的熏陶下，更容易理解工匠精神的内涵，把握工匠精神的精髓。另外，工匠精神融入高校德育，也可以使德育课堂更有新鲜感，对于教师自身素质的提高也会有所助益。

（二）工匠精神推动德育“知行合一”

技术的发展是建立在人对于知识的探索之上，而工匠精神正是支撑人类进行探索的内在动力。如今，学生对于教科书的使用方式往往是死记硬背，知道有哪些成果，了解有哪些标准，产生了怎样的结论，但是，多数是一知半解，缺乏对其由来的深入探究，未能领略前人在对其革新历程中所赋予的批判性与创造性。因此，学生在对知识与技能的认知与应用上缺少了自主意识。

当前，学生存在一系列价值观和心理方面的问题的原因，简言之，就是对德育的重视程度不够。学校的办学目标中最重要的一条就是促进就业。德育可以使学生拥有高尚的职业道德和敬业的职业态度，对于促进就业必不可少。因此，高校教育必须将工匠精神融入学校德育中来，扩展德育的角度，丰富培育的方式，以促进就业为重心，充分发挥德育的优点，建构学生的工匠精神。工匠精神融入高校德育，促使学校德育改革更加重视实践和行动层面，标志着德育走出自身的孤立与封闭，达到“知行合一”的良好状态。

第二节　工匠精神融入高校德育教育的途径

一、政策方面的途径

（一）制订科学的培养规划

学校应做到一切从实际出发，具体调查本校情况，成立专门的研究小组，科学制订培养规划，指引工匠精神的培育。工匠精神应进入学校的人才培养方案当中，建立固定的关于工匠精神的思想专题教育内容。此外，学校应编制内容具体的《工匠精神专题教案》，制作多媒体教学课件，包括 PPT 课件、案例库、视频库等。例如，美国西点军校的老师和专家前赴后继不断更新和完善职业精神训练的内涵，最终形成了享誉职教界的“十六条职业准则”。

对于工匠精神的培育，必须加强调查研究，不同的专业有不同的特点，不同的岗位有不同的要求，要结合这些特点和要求，进行全面的分析，制订出科学有效的培养规划。但是，我们不能仅限于暂时的和短期的计划，而要做好工匠精神培育工作的长期规划，把总目标和分期小目标结合起来，辅之以适宜的教育内容、多样的教学方法以及完善的考核评价体系，并且要做到有始有终，不能限于纸上谈兵，要用于实践并且接受实践的考验。

（二）创造良好的制度环境

工匠精神的培育，需要完善的制度网络来保障。有好的制度，才会培养出好的人才。

1. 健全德育管理制度

如果要想将工匠精神有效地融入高校德育当中，各高校应当于细节处，将德育管理制度的编撰与完善工作提上日程。一切从实际出发，建立完善的德育管理制度，充分发挥各层管理人员的主观能动性，调动起各专业教师的工作积极性，突显出学校德育管理的特殊性，使德育管理更全面、更符合高校德育工作的实际。

2. 完善相关保障制度

培育工匠精神，必须营造良好的社会氛围，遵循工匠实际，制定针对工匠的专利保障制度，从而增加工匠对于其产品的责任心和荣誉感。工匠制作出来的每一件产品，也可以像超市卖出的食品一样，打上条形码以及二维码，运用这些新兴手段建立产品的个人负责制。当然，还可以仿照文艺界的茅盾文学奖、影视界的奥斯卡，对精美产品实行奖励制，树立标杆、鼓励赶超。

3. 建立德育师资相关制度

（1）要建立“双师型”人才的引进制度，完善“双师型”教师培养制度，制定相应的引进办法和培养方案。

（2）要运用强化理论、激励理论等激励德育教师的工作积极性；健全保障制度，优化德育师资建设质量，使德育教师个人价值最大化，有经验的老教师激情不减，有活力的青年教师青出于蓝而胜于蓝。例如，制定薪酬激励制度，定期组织教师参加培训，和学生一起实习。

（3）德育的内容和方式要体现时代精神，这就需要成立专门的德育科研小组，把德育教师吸纳进来，不仅可以加强德育教师的科研能力，还能提升德育课质量，从而使工匠精神的培育效果更好。

4. 加强德育评价考核制度

考核与评价可以检验学生的学习效果，也能够提高学生的学习积极性。要想在学生素养上有所拔高，激励学生向具有工匠精神的合格的人才靠拢，推进工匠精神融入高校德育，学校应加强德育考核评价机制的革新，建立更适合的评价体系。高校一定要做到发展性评价和结论性评价相结合，定性评价和定量评价相结合，评价主体也要多元化。学校还可以建立专门的信息平台和积分制度，充分考量学生在产品工艺上所体现的工匠精神，实现德育的知行合一。

二、操作方面的途径

（一）利用校园文化

校园文化是培育学生工匠精神的隐性课程，它影响着每个学生的职业态度和品德，是高校德育的重要途径。学校应充分利用校园文化这一隐性课堂，培育学生的工匠精神。例如，可以在校园公告栏上、教学楼走廊上张贴“大国工匠”的人物介绍和事迹，也可以在教室、实训室展览体现工匠精神的作品，从而营造良好的匠人文化。我国一直在举办各类大赛，其中不乏学生获奖者，可以把他们的介绍以及获奖事迹张贴在学校的校园内，树立身边的榜样。

（二）打造德育工作队伍

亲其师，则信其道；信其道，则循其步。德育教师的为人师表与工匠精神的传授对于学生严谨细致的品质的培养至关重要。如果想要将工匠精神融入高校德育当中，加深其融入程度，教师这一主导性角色责无旁贷。因此，必须加强德育队伍建设。第一，对于高校德育教师的选拔以及任用要严格把关，把那些本就具有工匠精神的人充实到德育队伍中来；第二，要加强对德育干部队伍的培训和继续教育，提升其关于工匠精神内容的知识储备，增强管理技能；第三，还要适当提升高校德育教师的福利待遇，给予物质保障。家长和社会要成为高校德育教师的左膀右臂，理解他们，支持他们，避免教师产生职业倦怠感。

（三）探索课堂教学改革

学校德育的主要形式就是课堂教学，因此，要积极探索课程与教学模式的改革，激起学生学习技艺和技能的动机。学生对课堂内容感兴趣，才会认真听，才会内化于心，工匠精神才会生根发芽。

1. 改变传统的教学模式

传统的教学模式已经不能适应现在的教学和学生，我们应该改变传统的德育课堂教学模式，采取“问答法”提升课堂氛围，采取“发现学习法”鼓励学生自学，使用“案例教学法”分组讨论，还可以举行辩论会，充分调动学生的积极性，发挥学生在课堂的主人翁精神。学生作为活动的主人加入整个学习和研讨过程中，从而对于工匠精神有了更加身临其境的理解。

2. 重视德育课堂实践性

工匠精神是实践精神。如果要想提升工匠精神的培育效果，单纯依靠传统的“教师讲、学生听”的德育课堂模式是不能满足需求的，必须辅之以实践层面的方式方法。例如，可以采取小组讨论的形式，采用“发现学习法”，鼓励学生自行讨论学习，提出问题、解决问题；还可以丰富课堂形式，举办辩论赛、观看工匠系列短片等，让学生以更直观的方式感受工匠精神，还能为德育课堂增添活力。

3. 运用现代化教学手段

科学技术日新月异，但是学校多数教师仍习惯使用“黑板＋粉笔”，教学应该与时俱进，学习使用现代化的教学手段，例如，PPT、声像资料以及视频短片等，从而提升工匠精神的培育效果。

（四）创造社会实践机会

工匠精神的培育不仅需要认识层面，更需要实践厚土，实践环节是德育课堂教学的扩充和深入。高校应大力推进社会实践，让学生在实践中领悟工匠精神。坚持工学结合，在实践中教育学生，“从做中学”，都有助于学生工匠精神的形成。学校可以定期组织学生到企业参观，了解企业文化；也可以通过完善顶岗实习、校企合作等方面，增加学生参与社会实践的时间，加深对理论的理解，走出课堂，提高自己的技能水平和动手能力。这样不仅能够提升自身的工匠精神，还可以接受实践的检验。

例如，旅游专业的学生可以到旅行社兼职，培养自身的亲和力和服务精神；可以去景点参观考察，扩充自己的专业知识。学校还可以根据自身实际情况组建职业实践型社团。由学生领导，组织相关的职业导向性强的活动。总而言之，工匠精神融入学校德育不能单靠课堂知识的传授，还要接受实践锻炼的深化，同时接受实践的检验。

（五）构建“三位一体”教育体系

培养学生精益求精、爱岗敬业的工匠精神不能只靠学校德育，家庭和社会也应该贡献一分力量。家庭是孩子成长最早、时间最长的环境，社会的影响无时无刻。所以，必须把学校、家庭、社会的力量融合在一起，构建“三位一体”的教育体系。

审视学生工匠精神培育工作要看是否基于社会背景，是否充分考虑了社会的现实需求，而不能成为“无源之水”“无本之木”，而要紧跟社会潮流和时代发展，将社会背景作为行动基础，提升对工匠精神的重视程度，促进工匠精神融入学校德育，努力构建“三位一体”的学生工匠精神培育机制，从而使学生工匠精神培育工作长远发展。

例如，通过构建与学生家长的沟通联络群，经常召开家长代表大会，虚心接受家长提出的关于高校德育工作的建议，了解家长对于德育教师的要求，加深工匠精神融入高校德育的程度和深度。

（六）树立学生榜样与优秀典型

榜样是一个人成长道路上的领路人和指引者。教师可以在学生当中树立优秀的榜样，传播他们的光辉事迹，指引学生走正确的道路。这些榜样就在学生们身边，而不是那种不可触及的遥远偶像，必然可以起到引领学生成长、前行的作用。学校还应该将胡双钱、周东红等“大国工匠”的事迹介绍给学生，更要宣传其精益求精的工作作风。利用活动课，共同欣赏《大国工匠》纪录片，学习“大国工匠”的事迹和他们的工匠精神；广泛召开座谈会，邀请身边的优秀工匠来宣讲，使这些具有工匠精神的技术技能人才成为学生的榜样，推动他们进步。

（七）运用新时代媒体的技术手段

随着“互联网 +”时代的到来，及手机数码产品的广泛使用，新媒体手段越来越受重视。在学校德育工作中，我们可以通过独立网页设计、建立群聊、借助朋友圈等方式，为德育培育学生的工匠精神添油加力。例如，开设工匠精神主题网页、专栏、公众号等，可以开展以工匠精神为主题的网上直播，分享关于工匠精神的视频、电子书等，还可以进行网络实时讨论，布置网络积分得奖等活动，增强吸引力、感召力，从而影响学生的道德观和价值观，助力工匠精神的培育践行。

另外，德育教师还可以利用新媒体手段与学生家长及时沟通，也可以利用博客或空间来传递工匠精神。学校要大胆接受这一新兴事物，跟上时代发展，不断学习，主动从网络德育这一方面去培育学生的工匠精神，充分发挥网络新媒体的作用。

三、内容方面的途径

工匠精神这一时代感精神要求高校德育建设必须要紧跟时代发展脚步，不断革新工作内容，结合社会现实，贴近真实生活。在具体实施中，不应过于保守、墨守成规于生硬的理论，而应该适时添加一些新的时代性内容，例如，新的职业观念、高尚的职业理想、正确的职业态度等能够激发学生学习动机的内容。学生对所学习的内容有兴趣，工匠精神的培育工作才能够顺利展开。

（一）弘扬新的职业观念

中国古代“劳心者治人，劳力者治于人”“万般皆下品，唯有读书高”等社会价值观念深入人心，以至于至今仍对我国青年的职业观产生着巨大的影响。我国学生就业总是喜欢选择安逸稳定的工作，认为从事技术工作、动手的工作就是不体面。因此，工匠精神融入高校德育，学校应该在德育内容方面让学生了解，当前我国经济转型升级，工匠的价值较之之前将会有更大的体现，工匠会重登舞台中心。“中国制造”要想转为“中国质造”需要工匠精神。

（二）制定正确职业理想

职业规划与指导是学校德育的重要内容，制定正确的职业理想对学校的学生具有无可比拟的重要性。正确的职业理想，首先，要求每一个毕业生对于未来要从事的工作有一个正确的认识，把工匠看作是高尚的职业；其次，要热爱自己的职业，对自己的工作要有责任心和忠诚度；最后，还要有对新知识的渴望以及孜孜以求的上进心。我国，有数以亿计的工人，他们工作在生产第一线，创造着属于自己和国家的财富。但是，不得不承认的是，这些工人大多都是把工作单纯当作是维持生计的手段，做不到像“大国工匠”那样。不乐观的现状，对我国学校提出了更高的要求，必须树立学生正确的职业理想，培育工匠精神。

（三）德育教材进行校本化

我国正处在改革的攻坚阶段和发展的关键时期，“中国制造”向“中国质造”转变迫切需要一大批具有工匠精神的技术技能人才，德育作为培育工匠精神的主阵地，其教材更应体现时代潮流，追求创造性和前瞻性，充分遵循学生发展的需求。学校可以在响应国家课程和地方课程的基础之上，从本校实际出发，进行内容的改编和删减，使之更符合学生的特点和需要；也可以具体问题具体分析，对本校师生的需求进行调研，使德育校本教材内容新颖，适应学生个体差异。

当前我国学校德育教材对于工匠精神的内容寥寥无几，迫切需要更新和改革，不同的地方都有属于自己的“大国工匠”榜样，不同的行业也有不同的要求和体现，因此，学校迫切需要以校本教材的形式将工匠精神的培育凸显。德育校本化可以采取的措施如下。

第一，需要在学校内部建立专门的负责校本教材开发的了解工匠精神内涵的领导和专家小组，起到引领带头作用。

第二，确定学生当前的发展需求，社会的发展需要具有工匠精神的技术技能人才，明确具体要求是哪些，从而确定校本教材的设计目标，搜集相关素材，根据目标选择课程内容，进行课程设计。当然，最后还要经过实践的检验和评价，不断地反思，从而不断完善。

学校应该找准培育工匠精神在本校育人目标中的位置和切入点，将其纳入课程体系中，充分发挥德育课教师的作用，通过课堂系统讲授辅之以实践历练和考验，使工匠精神的内涵及重要性内化于心，从而养成自觉践行工匠精神的习惯，促进工匠精神融入学校德育当中去。然而，德育课仅仅是专业课程体系中的一小部分。在专业课当中，还要进行德育知识的渗透，充分发挥实习实训、校企合作等方面的作用。

培育具有工匠精神的技术技能人才，是我国经济转型升级的需要，是行业改革和发展的保障，有助于个人的就业和发展，是教育改革与发展的重要抓手。高校德育在培育工匠精神的主阵地地位应运而生。加强对学生工匠精神的培育，是新时期高校德育的着力点；工匠精神是德育的重要内容，高校德育是培养学生工匠精神的重要手段。

因此，高校要科学地制订培养规划，将工匠精神写入职业人才培养方案当中；建立制度网络，保障工匠精神培育进度；充分发挥校园文化的隐形教育作用；加强德育工作队伍建设，培育清楚工匠精神，并且具备工匠精神的德育师资力量；课堂教学与社会实践相结合；学校、社会、家庭三位一体，共同培育；树立身边的“大国工匠”榜样；更要与时俱进地运用新媒体手段；当然还要紧跟时代步伐，加强德育科研，更新德育内容，将工匠精神的内涵、体现、重要性以及榜样典型作为重要内容写入高校德育的校本教材中。相信通过这些努力，“大国工匠”的数量会越来越多，“中国质造”和“中国创造”将不再是梦想。

第三节　工匠精神与高校德育培育的融合渗透

如果要实现“中国创造”、人力资源强国的目标，现代工匠必然肩负着新的使命和责任，工匠精神也彰显着新的时代特点。

第一，精益求精的创新理念。精益求精其实就是精雕细琢、不断追求极致和完美。制造业的工作人员始终保持对每一个零件、每一个环节精益求精的态度，我国赶上甚至超过制造业强国、创造出质量过硬的中国品牌指日可待。

第二，实事求是的职业品格。除了具备过硬的一技之长外，更要具有求真、务实的品格，本着对自身严格要求、终身学习的理念，竭尽全力改善不足。

第三，兢兢业业的职业态度。制造优质产品、实现“中国制造 2025”的梦想，需要坚韧不拔的奋斗精神。除了对工作的热忱和喜爱外，还要提升自身的专注度和持久力，倾其一生做好一件事、对一份技艺的执着和坚韧，是一种令人敬畏的职业道德。当今的教育发展更是离不开这种精雕细琢的职业态度。

一、高校德育培养工匠精神的具体要求

弘扬工匠精神，打造制造强国需凝聚青年人的强大力量。作为大国工匠的主阵地，高校德育培养工匠精神的要求如下。

第一，尚德。古代崇尚“学艺先做人”，现代更倡导“以德为先”“先学做人、后学做事”的价值观。古代著名的工匠无一不是自省自律、不断修缮自己品行的德才兼备之士。如今，学生步入职场前要教育他们将诚信待人、不断提升自身综合素质和个人修养作为人生信仰去追求。

第二，敬业。忘我工作的敬业精神，是一种以对事业的敬畏和热爱为基础，踏踏实实、一丝不苟、竭尽全力的专业精神。作为学生，钻研所学专业，学习工匠的专注和坚持是必备的素质。在学习过程中，要秉持水滴石穿、绳锯木断的信念，才会收获学习成果。

第三，至善。至善就是精益求精，提倡工匠精神，就要求学习要有严谨的态度和科学的方法，对知识钻研和技能提升的探索，止于至善。

第四，专注。秉持坚韧之心不断提升自己的专注度和持久力，追求细节的恒心和耐心，是“工匠”具备的特质。只要内心树立了目标，就遵循正确方向，心无旁骛地付诸努力。

第五，创新。在实践中，不断思考、探索，努力拓宽自己的知识储备，提升技能水平，不断为自己设定更高层级的学习目标，尝试新知、突破自我。

二、工匠精神与高校德育培育的融合策略

将德育与工匠精神教育的有机融合作，作为思想政治教育工作的重点十分必要。实施工匠精神德育教育，可以使全校师生形成“德艺兼修、以德为先”的浓厚氛围，在实践和理论学习中，将工匠精神渗透到每位学生的思想中，强化了学生工匠精神和职业道德的培育。工匠精神与高校德育培育的融合渗透分析如下。

（一）做到务实的德育

如何选择合适的德育方法和手段，是高校德育工作中最重要的课题。根据不同高校的目标任务，紧紧围绕综合素养和创业能力培养学生，规划培育德育活动，将职业精神、职业道德、职业素质全面融入人才培养体系。

第一，不应追求高层次的道德理论，而是在学生具体行为中进行道德素质的培养，通过科学合理地规划、系统有序地安排道德实践活动来培养学生的道德品质，促进道德教育工作的有效落实。

第二，要从学生的学习和生活出发，从实际出发，从细微着手，将工匠精神体现到日常行为规范和职业规范中，让学生在具体实践中，感悟精益求精、追求极致带来的精神满足，这有助于学生自身内化行为规范、专业态度、道德规范和职业精神。

第三，设立行为道德修养模块、学习能力提升模块、技能技术创新模块、人文素质拓展模块，四大模块相辅相成。因迟到、违纪等行为导致行为道德修养模块学分不足的学生，需要通过自身的努力，如参加公益劳动来修满学分，这有利于学生形成“自己的行为自己负责”的道德认知。培养这种工匠精神背后饱含的责任意识，有助于增强学生行为习惯养成教育的实效性。

（二）做到精致的德育

工匠精神最突出的内涵是德艺双馨、追求卓越和极致的品质。精心策划和设计有意义的活动，促进学生品德发展的道德因素，让学生在道德教育中感受到精益求精品质的魅力，以提高道德教育和德育工作的实效性，在实践中实现道德成长。通过团体活动、班级文化建设等多种方式，有助于学生在舒适的氛围中，丰富其精神境界，提升其人文素养。

例如，校园心理剧，学生参与度极高，参演学生执着于剧本每处细节的揣摩、每个表情的拿捏、每句台词及每个人物心理的表达，都要达到无数次的排演，以呈现完美的表演。作品获奖的背后，是学生们日夜完善追求极致的精神在支撑。无论是校内实践活动还是走入职场，秉持着这种精益求精的态度，将受益一生。

（三）做到创新的德育

创新是工匠精神最鲜明的特征。高校德育教育不断面临新的挑战，德育改革需要不断创新德育目标、内容和方法，紧跟社会和科技发展步伐，不断研究新情况，解决新问题，提高德育的针对性和实效性。

在德育特色活动方面，学校应紧紧抓住德育中的关键环节和关键问题，开展大国工匠、劳模进校园和学雷锋志愿服务等活动。通过举办各种典礼、仪式和纪念日，搭建出如主题班会、素质课程等多元化平台开展主题教育活动；潜心研究寝室文化建设、基层党建创新项目，打造“毕业嘉年华”等校园文化活动品牌；创造性地开展了创业就业大赛等学生精品活动，有效提高学生的专业态度、职业素养、道德品质，使学生在耳濡目染中积淀工匠精神的底蕴。这有助于学生提高专业技能、提升学生综合素质、促进学生全面发展，为培育具有工匠精神的大国工匠奠定坚实的基础。

总而言之，教育工匠精神的培育是一个持续和不断内化的过程，充分发挥工匠精神培育在高校德育教育中的作用，有助于实现专业技能培养和职业精神培育高度融合。国家高度重视高校对技能型、应用型人才的培养和教育各行各业德艺双馨大师的成就与事迹，让学子深切感受到成为“大国工匠”的光荣使命增强责任感，感悟到拥有工匠精神是当今社会一种难能可贵的品质。匠心筑梦，积极引导学生学习践行工匠精神，将家国情怀内化于心、外化于行，提高自身本领和技能，为建设祖国贡献自己的一分力量。加强和改进德育工作，需将工匠精神充分渗透融合到高校德育教育工作中。培育学子以德为先的工匠精神，不仅是对德育教育实质的延伸和扩展，更对高校实现立德树人具有重要的推动作用。

第四节 高校教育中技能型人才“工匠精神”培养

通过国家关于技能型人才的相关政策可以得知，技能型人才所从事的主要是生产一线的实际操作工作，可以将技能型人才定义为在生产、服务、管理等领域岗位一线，既拥有比较专业的理论素养和知识水平，又拥有一技之长、精湛的操作能力和灵活的动手能力的操作型人才。

技能型人才的内涵具有随着产业结构转型升级和社会经济发展而有所提升和扩展，关于技能型人才的定义并不完全统一。技能显现为应用专门技术的能力。技能作为“人化”的技术，是使“物化”的技术为社会创造实在价值的基础。技能型人才是经过专门的培养和训练，掌握当代较高水平的应用技术和理论知识，并具有创造性能力和独立解决关键性问题能力的高素质劳动者。由此可见，技能型人才是相对于学术型、技术型人才分类而言的，其主要特征是就职于生产、运输、服务等领域的第一线，具有掌握专门知识和技术的实践操作能力、方法能力，等等。技能型人才是在接受教育以及技能培训的基础上，经过初级、中级，而最终成为高级技能型人才。

“中国制造”亟须的大国工匠，人才培养的供给侧结构性改革，都需要饱含工匠精神的教育。因此，构建现代教育体系，适应当前社会经济发展对技能型人才的需求，培养技能型人才的工匠精神，是时代赋予教育的历史重任。发展教育，培养高水平技能型人才，需要我们溯本求源，砥砺前行。

工匠精神指的是工匠们根据顾客或各行各业的需求进行产品创造，对自己所从事的事业执着地坚持，既不放弃也不改变自己的初心，充满敬畏感地对自己的手艺有超乎寻常的艺术追求。工匠们专心工作，一项工作就是一辈子；孕育工匠精神厚土的敬业精神，既有对为之奉献事业的尊敬，又有对手艺超强艺人的佩服，还有徒弟对师傅的尊敬之意。严谨、一丝不苟是工匠精神的态度。一次就把事情做对、做好，对于任何事情都尽心尽力，采取严格的检测标准，不容许一丝一毫投机取巧。精益求精、耐心坚持是工匠精神永恒的追求。注重细节，反复改进产品十年如一日，反复磨炼。

一、技能型人才“工匠精神”的理论支撑

（一）需求层次理论

马斯洛需求层次理论认为在基本的生理需求没有得到满足以前，更高级的需求就不会发挥出作用。高层次的需要得到满足后，低层次的需要仍然存在，只是对行为的影响的程度逐渐减小。马斯洛的需求层次理论具有非固定性，但是，大多数的基本需求是从基本的（衣食住行）转向复杂的（自我实现）。总而言之，高层次的需要比低层次的需要有更大的激励价值。

随着社会经济的发展，消费者的消费结构也在转型升级。就对消费者购买产品而言，“生理需要”是消费者最低层次的市场，消费者只要求产品具有一般功能就可以了，例如，选择购买最便宜的商品。

“安全需要”是消费者关注购买的产品对身体的影响等对“安全”有需求，消费者就会在产品价格相差不是很大的情况下，选择质量更好的产品。

“归属与爱的需要”是消费者关注产品是否有助于提高自己的交际形象，例如，精美的包装、周到细致贴心的服务等附加功能以及产品的品牌形象都能让消费者愿意付出更好的价格。

“尊重需要”是消费者关注产品的象征意义，例如，把产品当作一种身份和地位的标志，更希望通过产品的使用而获得别人的认可。

“自我实现的需要”是消费者对产品有自己评判的标准，例如，某品牌产品的精神内涵对于他们选择的影响会很大。而正是这种消费者对市场更新换代的需求，对于工匠精神

的需求就越迫切，因为工匠精神所具有的对产品制作工艺的精致，等等，都是人们在满足基本的生理需求之后，对达到更高层次需求的呼唤。

（二）人力资本理论

美国经济学家西奥多·舒尔茨在《人力资本的投资》一文中提出，人力资本是对生产者进行普通教育、职业培训等支出和其在接受教育的机会成本等价值在生产者身上的凝结。教育在人力资本形成和积累中的价值依靠人才的质量和素质。根据人力资本理论的主要观点，我们可以得知教育培养的技能型人才作为一种人力资本，其与国家经济的增长和技能型人才个人收益的增加有着紧密的联系。

技能型人才拥有某一行业普遍适用的技能，或者在特殊生产设备和特殊生产环境所需要的特殊技能，都对现代经济发展具有重要作用。将技能型人才的培养与国家的经济效益和企业的生产效益联系起来，培养适合时代发展需要的技能型人才，真正将重视物质资本投资和人力资本投资相结合，着力培育技能型人才的工匠精神，有利于提高人力资本投资的收益水平，也是今后经济发展和国家政策转变的重点方向。

（三）教育价值理论

教育价值有两种含义，分别是教育中的价值和教育的价值。在关于教育价值的分类方面，划分为一种教育对人的需要的满足的教育个体价值，以及教育对人和社会需要之间关系的教育社会价值，教育的本体价值是指对在学校中学习的学生和在各种成人教育中的学生，在身心发展过程中所产生的需要的一定满足。

教育的本体价值和教育社会价值是“源”和“流”的关系，不同历史时期侧重不同。由于教育的职业性和教育性，教育具有促进人和社会发展的价值。教育培养的具有工匠精神的技能型人才，在社会价值方面主要体现在教育可以提高技能型人才培养质量、工作能力以及掌握技术水平、提高生产效率。

经济价值方面表现在可以将技能型人才的专业知识和技能水平相统一，从而促进经济增长，等等。个人价值方面主要体现在培养技能型人才具有工匠精神的良好综合素质，通过接受教育改变自己的身份，提高自己的个人社会地位，等等。教育培养的具有工匠精神的技能型人才真正地落实到人才培养的过程中，是教育价值理论很好的践行。

二、技能型人才“工匠精神”培养面临问题

当前，工匠精神摆在促进社会发展重中之重的位置，引起社会大众的思考和探索。新

时期的工匠精神也会面临一些现实的困境，下面从社会经济结构、制度供给、教育和择业理念、人才培养模式四个方面阐述当前技能型人才工匠精神培养面临的问题。

（一）工匠制度体系不够完善

1. 市场准入制度门槛较低

由于市场竞争的激烈，以及不正当的竞争，存在大量低劣产品，这对于工匠制造出来的精品本身就是一种冲击。例如，如今，随着“互联网 +”时代的发展，网络预约拼车渐渐成为人们出行的重要方式。网络预约拼车，是信息化社会发展的产物，满足了社会大众个性化和低成本的出行需要。

然而，由于市场准入规则的不完善，监管方式的不到位，以及从业者素质和职业道德的参差不齐，给消费者的出行带来了一些问题。例如，由于采用网络预约的方式，客户的个人信息面临被泄露的风险，隐私安全得不到保障，这些都会对人们的出行和日常生活带来困扰。这些就涉及从业人员的诚信观念，遵守市场秩序、法律法规的理念，而这些正是工匠精神所推崇的敬业、诚信的态度。如果要弘扬我国的工匠精神，对市场准入门槛的规范必不可少，需要自觉地践行社会主义核心价值观，需要遵循市场运行的规律，加强对从业者的规范和管理。

2. 技术创新制度保护力度不够

在充斥创业创新机遇期的时代，一个以创新驱动发展的中国，要制造出经得起检验的产品根本离不开工匠精神，换言之，工匠精神是创新的温沃土壤。然而，我国对技术创新的制度保护相对不足。通常研发创新型高端产品的前期投入很高，但再生产成本却很低。因为对技术创新缺乏制度保障，巨资研发的优质产品尚未全面盈利，就可能因其他企业违规复制致使其投资回报率大为降低，使企业技术创新的内生动力缺失。如此一来，技术创新助推制造业高端化也就面临着制度梗阻。

同时，由于在我们日常的生活中，“一次性”文化已经被大量灌输，东西坏了、旧了，人们首先想到的不是维修，而是再买一个新的。因为与其维修花费高额的成本，不如选择买一个新的更经济实惠，也是这种的心理，使产品制造者的创新能力有所退化。但我们应该意识到的是，制度创新是技术创新的活力来源。人们在追求工匠精神的同时，国家有关部门要在技术创新保护上加大保护力度，真正地颁发相关有效的法律法规确保工匠的技术创新制度真正得到落实和保障。

（二）现行人才培养模式有短板

1. 人才培养和企业需求的结构性矛盾

教育的价值取向是以就业为导向，专业对口、技能教育是教育的评价标准和层次定位。教育培养的技能型人才遵循企业用人需求规律、技能型人才学习发展需求规律和学校办学需求规律。此外，高校技能型人才的培养，体现高校教育的专业性、全员性和职业性特征。

随着世界经济的全球化、劳动力市场变化的新趋势，人们一生只从事一个职业的越来越少，尤其是社会地位不高的职业，其岗位的变换也越快。然而，高校培养的技能型人才与企业所需要的人才还是存在一定的差距的。例如，高校和企业存在精神文化、管理文化、制度文化、行为文化融合的鸿沟。此外，现在高校培养的技能型人才大多在学校进行，真正到企业进行实践学习的很少。

这样一来，技能型人才在高校里面所感受到的成本意识、质量意识和安全意识感不强，而企业在生产流程的每一线都时刻强调行动的成本、强调生产有质量的产品、强调具有危险预知和主动改善的意识，这样高校培养的技能型人才，并没有真正达到企业行业所需要人才的标准，就会出现高校技能型人才培养和企业行业需求之间的结构性矛盾问题。

2. 缺少具备高水平高素质的师资队伍

如果想要培养出具有工匠精神的技能型人才，一支具有工匠精神素养的教师队伍不可缺少。作为教育的教师，其所具备的工匠精神必不可缺少。教师担任着培育祖国下一代人才的重担。然而，近年来看到媒体上报道的老师师德师风严重滑坡的事件。由于社会正处于经济的转型期，拜金主义等不良的社会现象对教师的职业道德带来负面影响，加之学校管理的松懈以及社会上对高校老师地位的不重视，部分高校的老师，他们职业道德素质的滑坡主要表现在：师表观念淡薄、奉献精神不够，等等。

首先，高校的教师只有在敬业的前提下，才可以像工匠做出高质量和高水准的艺术品那样，培养出高质量的技能型人才；其次，由于教育职业性的特点，高校的老师也要像工匠一样拥有精湛技艺，拥有专业的学科知识和娴熟的教学技能、实践实训技能；最后，还要有对高校学生精益求精的管理态度，因为高校的老师大多面临的是考试失利成绩不突出，或者来自农村等贫困家庭的学生，面对这些特殊的学生，老师需要在技能型人才的学习和生活上都要有细致和高要求的管理，帮助他们树立正确的价值观，真正做到精细化管理。尤为重要的就是要坚持，像工匠坚持将工艺品做到极致那样，去坚持对技能型人才严格要求，坚持用自身具备的工匠精神去感染学生。因此，高水平师资队伍的建设对技能型人才工匠精神的培育尤为重要。

三、技能型人才“工匠精神”培养的必要性

（一）体现高校办学的文化软实力

技能型人才职业精神培养是高校核心的特定重要组成部分，高校在适应我国经济建设所急需的技能型人才的同时，需要重视在向学生传授技能知识的过程中，逐步将工匠精神的价值观念践行在技能型人才日常生活学习中。然而在当前高校的教育工作中，一般都较重视对学生职业技能的培养，学生职业精神的培养因未能予以足够重视而成为一种形式。而当代工匠精神的精神理念是我国高校需要把握和践行的。将高校办学理念、校园文化、师德氛围等精神环境的营造融入技能型人才工匠精神培养的过程中，以高校办学理念具有的向心力，坚定技能型人才技能就业与技能成才的信念，促使技能型人才工匠精神的养成，让高校培养的学生成为具有完美人格的职业人。

此外，在协调创新理念的引领下，高校承担着技术技能和新工艺传播的中间和桥梁作用，需要在培养技能型人才工匠精神的过程中，强化对于技术技能的传承与创新，提高教育人才培养水平，实现教育现代化理念对技能型人才工匠精神培养的质量要求。因此，技能型人才工匠精神的培养，是高校育人工作的要求，也是高校办学文化软实力建设的精神标杆。

（二）推动技能型人才个人生涯发展

教育培养的技能型人才能获得职业知识、技能和职业道德的教育从而顺利毕业成功就业，能很好地适应经济社会发展、生产方式变革、技术变革的需要，是教育的基本任务。部分高校的学生来自农村和城市经济困难的家庭，他们通过接受教育学习一技之长，在社会中有工作，这对于高校学生个人就业和帮助家庭改变命运具有重要意义和不可替代的作用。正因为每一名高校毕业生都要面临从“准职业人”到步入社会劳动的“职业人”的角色转变，而且技能型人才的素质直接关系到产品和服务的质量，那么，良好的职业精神，即工匠精神将是技能型人才成功开启自己职业生涯需要具备的综合素质中必不可少的部分。

高新技术企业对毕业生的青睐度不断提升。当前中国正处在产业转型升级的关键时期，这势必带来新的就业岗位、就业机会，许多企业对技能型人才的需求不断增加。而作为工匠精神最佳传承者的技能型人才，通过学校时期工匠精神的注入，能够实现技能型人才个人生涯发展与市场面向工作岗位需求的无缝对接。因此，技能型人才工匠精神的具备，职业技能水平的提高，就业能力和适应职业变化能力的增强，是提高其生存质量、就业质量

和职业迁移能力的重要条件，是经济转型升级、产业结构调整背景下确保每一位技能型人才顺利进入劳动力市场竞争实现个人生涯发展的重要保障。

（三）为中国制造转型升级奠定人才基础

加快从制造大国转向制造强国，这对技能型人才职业素质和能力素养的要求和期待越来越高，教育的地位也越来越重要。面对中国制造转型升级等国家战略发展的要求，技能型人才职业精神的培养至关重要。工匠精神作为职业精神的重要内容，很多的制造业强国，在教育中采用多种教育途径和方法，塑造和培养学生的工匠精神。

如今，在制造业转型升级背景下，强调的技能型人才职业精神，是具备时代发展最急需的工匠精神，强调的技能型人才培养质量。强化技能型人才工匠精神的培养，对于建设制造强国而言，具有十分重要的现实意义。

四、技能型人才“工匠精神”培养的价值取向

（一）坚持知行合一

知行合一，是中国哲学的一对范畴。孔子主张把理论的知识和实际的应用结合起来，知行统一。教育与普通教育相比具有特殊性，主要体现在教育强调理论知识与实际操作训练相结合；高校“双师”素质的老师不仅在理论知识上知道是哪些，而且要具备相应专业实践经验通晓如何做。为保持教育这份特别的活力，就要重视高校与市场关系的构建，既需要高校开设相关的理论课程培养训练技能型人才的“知”，也需要企业行业在技能型人才培养的过程中搭建服务平台——校企合作、产教融合，从而在实践操作中强化技能型人才的“行”。换言之，技能型人才在完成所需技能必备的文化基础课、专业课程学习以后，需要与生产实践、工作过程相结合，通过实践操作为其“助攻”。

因此，将“知行合一”的思想运用到当代技能型人才工匠精神的培养模式，不仅依靠高校自身的努力，也离不开企业行业发挥育人主体的作用，即体现在课程与教学离不开工学结合、知行合一的基本路径。企业的实践工作过程是知识和技能产生的摇篮，技能型人才所学知识和技能在高校和企业行业之间实现双向迁移，这样坚持知行合一的价值主张为技能型人才工匠精神培养提供动手操作的机会，也有利于提高技能型人才解决实际问题的能力。

（二）坚守敬业乐业

早在中国两千多年前的战国时代，工匠为了把自己铸造的剑追求到至臻化境，专注、敬业、执着，甚至付出自己的生命。中国五千年的文化中儒学是主流，在民族精神中，严谨理性和敬业创新精神有所缺失。在德国、日本等制造业强国，匠人一直都享有极高的荣誉和地位。以德国为例，德国工匠对自己所从事事业热爱与专注，术业有专攻，几十年如一日地坚持和韧性，兢兢业业地做好每一件产品，力尽完美，与中国品牌相比，“德国制造”成为质量和信誉的代名词。

又如，日本工匠生产的马桶盖深受中国赴日游客的疯抢，可知德国和日本工匠高超的制造工艺和令人尊敬的工匠精神。因此，如果要抢占制造业制高点，实现从“中国制造（Made in China）”转到“中国质造（China Manufacturing）”，打造中国经济的升级版，在当前劳动力成本优势逐渐消失以及人们越来越追捧高品质消费的情况下，需要一大批技能型人才敬业地完善每一件小事、每一个细节，只有这样敬业乐业的工匠精神作为价值支撑，才能提高技能型人才工匠精神的培养质量与社会需求的匹配度。

（三）践行德艺并举

在儒家思想里，“德”为第一要义。“德”字在《论语》中的意思分别有恩德、作风、道德、君子德风、小人德草等。“艺”在《论语》中一般都认为是指六艺之说，即礼、乐、射、御、书、数。此外，《论语》中的“艺”既指技能，也指艺之道。换言之，倡导的“艺”要熟练、精通而不在于追求数量多，等到人在所需要的基本技能达到一定境界以后，掌握的“艺”和人的“德”相结合，从而达到道。

“以德为先”“德艺并举”的人才观是中国工匠精神宝贵的财富。“德”是人的立身之本，是根本性的，“艺”是服务社会和成就人生的手段，是工具性的。无论是完满“德”还是熟谙“艺”，正确的观念应是把“德”摆在第一位。然而，对于大多数中国企业家而言，往往面临“慢工出细活”和利润最大化之间的矛盾，只图眼前利益，甚至偷工减料、以次充好。

在这点上，要学习德国企业“珍视‘身后名’，不贪‘眼前利’”的精神。而具有中国特色的工匠精神兼备良好的人文精神和高超的工艺精神，正是经济结构转型背景下技能型人才需要具备的。衡量技能型人才工匠精神的重要标准包含职业操守、技能水平的高低以及生产工艺的功效与质量，而践行德艺并举便是弘扬技能型人才工匠精神的显性表现。

五、技能型人才“工匠精神”培养的有效方法

教育以学习者为中心，既提供职业知识、职业技能的学习，又提供实践操作的场所和机会，促使职业精神的养成以及就业和创业能力的获得，而注重工匠精神的培育，将使教育再上新的台阶，当然更需要高校着力从课程模式、专业设置以及产教融合等方面设计和加强，更需要企业和国家的共同努力。技能型人才“工匠精神”培养的有效方法，具体内容如下：

（一）高校层面的有效培养方法

1. 强化课程模式与“互联网 +”适应

“互联网 +”是促进制造业转型升级的重要方式。制造类专业在课程设置上也要满足“互联网 +”行动计划对各专业的需要，既要有熟悉互联网技术、物联网技术、三维立体打印等技术，还要加强在创新驱动理念引领下对绿色制造技能型人才的培养。大数据时代的到来，以及从当前经济发展的大背景来看，课程建设要更加多元化和人性化，例如，慕课和微课的多资源精品课程的学习，等等，从而助力教育信息化均衡发展。

因此，在“互联网 +”新业态背景下，将教育培养的技能型人才工匠精神融入国家“互联网 +”行动计划，依托互联网平台、顺应信息技术的发展，以国家产业结构调整和经济发展方式转变为导向，以增强高校课程吸引力为出发点，以调动技能型人才的学习主动性为切入点，以提升高校课程教学效果为落脚点，设置适应“互联网 +”业态的课程模式，为技能型人才工匠精神的培养提供广阔的交互式教育学习平台。

2. 注重专业设置与市场的紧密对接

社会、经济、行业的发展对用工的需求是以社会的贴合度为标准的，即企业需要的工程师或者工匠，必须紧密结合社会发展、科技进步和经济增长的需求。但是，现在面临的困境是企业能够挑选的对象是“专业目录”框架下培养出来的“温室花朵”，而培养高技能人才需要有营造工匠精神的专业设置。世界质量管理大师克劳斯比抓住质量的本质，把质量定义为“满足需要”。换言之，提高质量的过程就是持续改进、不断满足“顾客”需要的过程。

高校一定要紧紧围绕教育中政府、企业行业、家长和学生这些“顾客”的需要，重视各专业设置与区域经济发展紧密衔接的程度，重视高校各专业结构布局与市场、产业需求的契合度，重视各专业设置与技能型人才工匠精神培养目标的关联程度，培养与产业转型

升级相适应的高质量技能型人才。专业设置与市场紧密对接，是教育与社会对技能型人才需求的桥梁和纽带，专业设置紧扣产业转型升级和经济社会发展需求，跟随市场需求的变化做出科学调整，是提升高校毕业生就业率的通行证，也是提升技能型人才工匠精神培养质量的保障，更是教育适应产业转型与升级的关键环节。

3. 加强师生成长实践与“工匠精神”互动

我国高校兼职教师的比例较低，德国和加拿大的高校大部分教师为兼职教师。兼职教师有利于密切教育与企业的关系，有利于促进校企合作。因此，加大聘任具有企业背景的教师、招聘企业的工程技术人员、技师作为兼职教师，聘请那些在熟悉企业生产和管理过程的技术人员到高校兼职，可以提高具有“双师”素质教师的比例，改变教师整体知识与能力结构，切实加强“双师型”教师队伍建设。

此外，在师资队伍建设中，要吸纳能够彰显企业文化的兼职教师，在教学实践中融入职业精神，促进学生职业精神的培养。教师是高校教育的第一资源，把加强师资队伍建设摆在更加突出的优先发展战略地位，创新“双师型”培养模式，培养一批“教练型”“双师双能”素养的教学名师，提升高校教师教学能力和实践指导能力，秉持职业精神和职业技能培养兼顾的理念，是供给侧结构性改革背景下，高校的必然选择。

（二）企业层面的有效培养方法

1. 推行企业文化与“工匠精神”培养结合

企业的办学主体地位在传统的教育教学过程中落实得并不到位。在明确高校和企业双主体的基础上，企业要建设支撑工匠精神的管理文化，让技能型人才不仅在学校中进行理论学习，还要在企业实体的环境中亲身感受。例如，企业的管理文化就是要有自己的做事标准和行为方式。企业秉承精益求精、消费者至上的工匠精神文化价值理念，才有可能最大限度地提高企业生存的生命力，实现企业的核心价值和目标。

企业的核心因素是人，企业文化中工匠精神的融入，有利于凝聚形成员工和企业共同的价值观，促进企业长久发展，也有利于技能型人才工匠精神的养成和职业生涯的发展。同时，企业需要转变之前追求短、平、快的生产方式，变革因追逐高额利益而生产质次价高的产品。对于技能型人才工匠精神的培养而言，不仅要在这种企业文化的氛围中熏陶，还要在现实情景中进行实践教育。

2. 落实产教融合与“工匠精神”培养结合

作为技能型人才培养主体的高校因缺乏真实的工作场景，需要通过校企合作和产教融合为学生提供技术技能训练的场所，由于高校以及企业的成功合作能够实现互惠多赢，因此，产教融合是培养高素质技能型人才的重要举措。对于企业而言，工匠精神中饱含的严谨、用心干、用心经营的职业精神，正是企业人才招聘的时候所倚重的。在具体实施中，要鼓励企业行业主动参与发展教育，与高校合作积极、对接有效、资源共用。

产教融合是中国长期以来教育教学改革探索的具有教育特点的行之有效的人才培养模式，将教育与企业行业全面合作，将技能型人才工匠精神的培养过程融入真实的生产和工作化环境中，不仅是培养学生技术技能、有效实现高校人才培养目标和企业需求对接的重要途径，也是通过实践育人培养技能型人才工匠精神的重要平台，同时，更是实现教学过程与生产过程零距离从而提高技能型人才培养质量的突破点。产教深度融合，促进校企双方共赢，实现高质量技能型人才工匠精神的培养，是经济发展新业态下的要求。

3. 将现代学徒制与“工匠精神”培养对接

德国现代学徒制模式即“双元制”的实施是在企业和学校两个场所，其中企业是主方；瑞士“三元制”的现代学徒制培养模式是在企业、学校和产业培训中心三个场所完成。总结这些国家的成功经验，我们可以看出他们开展学徒制模式是多样的，而且都与企业进行深度合作。然而目前我国教育机构与行业企业的合作在很大程度上仍然是行政主导，市场机制发挥的作用有限。为了使市场成为现代学徒制发展中资源配置的主要手段，有效的方式之一是通过市场手段实现职业培训供需双方的需求及资源配置。

学徒制的实现基础是资金支持。以德国为例，政府财政和企业共同出资进行人才的联合培养，而且经过长时间的发展，已经变成企业提供的资金为岗位工资的形式，这种模式对企业的支持意愿是很大的保证。反观国内，现在尚未有专项资金支持类似项目的开展，企业的招聘模式仍然停留在以人才市场为平台寻找可能的合适人选。因此，解决此问题需要政府牵头成立专项资金，每年对试点高校拨款，给予试点高校政策倾斜的同时，要逐渐完善聘用体系，成立技工人才招聘市场，牵头企业进行尝试并且在此基础上将成功的范例进行改良与推广，逐步使其制度化、规范化。

对于提供较多高质量实习岗位的企业而言，政府可以加强对其扶持力度，例如，对于具备一定实力、经过有关认证符合进入现代学徒制的企业，提升其企业形象和知名度；给予参与现代学徒制的企业相应的税费减免、财政补贴等经济回报；此外，从法律层面和操作层面保障参与现代学徒制学生的权益，逐渐使学生认可合作企业的发展前景，相信企业培训对提升学生职业能力具有关键性作用，当然参加企业职业培训的学徒应是符合企业人才资源需求、给企业带来生产性收益的高素质的技能型人才，在这理想的情况下从而增加企业的人力资源回报。所以应以激励机制为导向，增强当地政府、企业、学生的意愿。

总而言之，应该以开放的态度鼓励多样化的现代学徒制探索尝试，形成具有中国特色的现代学徒制技能型人才培养模式。

（三）国家层面的有效培养方法

1. 将“工匠精神”氛围植入中国制造文化

工匠精神正是时代发展的产物。无论是农业文明、工业文明、商业文明，还是企业文明、产业文明、社会文明，抑或现在提倡的生态文明，都离不开工匠。我们今天生活的稳定幸福的社会也是劳动创造的，而工匠就是劳动中勤勉不懈者。在中国人民流淌的血液中，工匠精神从未缺席。中华民族优秀的勤劳勇敢的文化传统，激励人们汲取精神力量。工匠精神深深地扎根于优秀的传统文化中，可以推进人的全面发展，推动我国经济转型升级。

如果要形成崇尚工匠精神的社会氛围，将工匠精神融入社会的各行各业，需要及时转变教育理念，变革社会大众对教育的认知，需要整个社会大环境转变重学历轻技能的传统观念，需要全社会重视教育、重视技能型人才的培养，致力于提高教育技能型人才的培养质量，人们的传统观念才有可能逐渐得到转变。并且充分发挥和保持生产技术的创造积极性，才能推动中国制造业实现由“重量”迈向“重质”。这样一来，崇尚工匠精神社会氛围的形成，在中国制造文化土壤的扎根，两者相得益彰，相辅相成，从而大力弘扬和发展工匠精神。

2. 转变传统文化观念和国家战略转型结合

随着中央电视台《大国工匠》的播出，中央电视台新闻中心经济新闻部副制片人、《大国工匠》节目制片人岳群说，工匠精神，在当下浮躁的社会中显得尤为珍贵。以瑞士为例，学生从小就被灌输教育的理念。社会是人才培养的“后备力量”，因此，这就需要全社会营造尊重技能型人才的社会氛围以及价值观念。我们的中国工匠应该有作为中国工匠的这种荣誉感，社会需要基于技能型人才更多的尊重与重视。此外，还应扩宽人才评价渠道，克服唯学历论的倾向，提高技能型人才的社会地位，让技能型人才获得尊严和体面。从而积极引导社会教育观念的转变，营造一种重视技能、重视技工的良好环境和社会氛围。

3. 完善政策措施与“工匠精神”精准匹配

工匠精神的培育提质，要从制度的根源上进行突破。完善技能型人才的管理、激励和评价制度，在全社会形成一种接受教育的学生与接受普通教育的学生同样待遇的舆论和氛围。以法律形式明确企业行业参与教育和培训，规定企业行业的职责，并通过相关措施提高其参与的积极性，注重对技能型人才实践能力的培养，真正培养出社会所需要的技能型人才。

高校应根据社会需求、办学条件，通过自下而上的探索，探索出有自己特色的人才培养模式。同时，引进国外高素质技能型人才进入中国劳动力市场，学习其先进的技术经验，提高我国技能型人才的质量和数量。从政府高效供给出发，创设有利于技能型人才培养的制度环境，充分发挥国家政策的导向作用，让教育得到健康发展。此外，对于教育资金的投入程度关系着教育的发展。虽然中国也实施了免费教育的政策，但我们与发达国家教育经费的投入还是有一定差距的。

因此，政府应进一步加大对教育经费的投入力度、合理划分各级政府对教育经费投入的比例、加大对高校学生的资助，从而构建稳定的财政保障机制，确保技能型人才培养所需要的基础和条件。教育作为培养高素质劳动者和技能型人才的重要平台，对提升人力资源水平发挥着不可替代的作用。在中国制造转型升级的战略机遇期，在经济进入新常态的背景下，国家迫切需要有人才支撑。技能型人才尤其是具有工匠精神的高素质人才队伍作为一种重要的核心力量，是实现国家战略所急需的。总而言之，以下是关于技能型人才“工匠精神”培养的结论。

（1）关于技能型人才“工匠精神”内涵的历史源流方面。从提升社会大众“轴心”“品行”“静心”的职业价值追求，到满足国家战略的需要，弘扬工匠精神势在必行。工匠精神由来已久，在新的时代语境下，工匠精神已经成为这个时代的共识。我国古代匠师在高尚职业精神的引领下，铸就了精益求精、至臻完美、一丝不苟的技术精神。对创造古代技术文明工匠精神的传承，是造就当代“大国工匠”的强大思想武器和精神动力。当前，中国制造在经济新常态下面临转型的压力和挑战，国内消费需求经历着升级换代，因此，培养具有知行合一、敬业乐业、德艺并举的工匠精神的技能型人才是先进制造业必需要素。

（2）关于培养技能型人才“工匠精神”的必要性方面。教育是供给侧结构性改革等国家战略的重要支撑力量，教育培养的技能型人才在国家人才培养体系中占据重要地位，也是成功实现这些目标的重要保障。培育技能型人才的工匠精神，体现“大国工匠”知行合一、敬业乐业、德艺并举的价值取向，将带动我国从“制造大国”走向“制造强国”。此外，教育培养的具有工匠精神的技能型人才提高了教育供给的创新性和质量。“互联网+教育”的技能型人才培养模式，丰富了教育供给结构，顺应时代需求。同时，破解用工荒的难题也要求技能型人才供给与经济社会发展需求匹配。

（3）关于国内外技能型人才“工匠精神”比较方面，可知部分工匠精神培育。很好的国家存在的优势包括：①对技能型人才培养健全的法律制度保障；②严格的市场准入和技术创新制度；③高水平的专业师资队伍；④完善技能型人才职业精神的职前培养和职后培训机制，技能型人才社会地位和收入高。

（4）关于技能型人才"工匠精神"存在的问题和措施方面。技能型人才受传统观念影响，社会和个人都不重视，国家相关的措施力度不到位，等等，技能型人才的地位有待提高，技能型人才工匠精神培养有待加强。高校作为培养技能型人才的教育机构，通过加强对技能型人才工匠精神的培养，以提高办学的文化软实力、增强高校竞争力和适应力。

在中国经济新常态的背景下，企业在看重高校毕业生职业技能的同时，更青睐兼备良好职业精神和熟练操作水平的高素质技能型人才。在注重提升技能型人才工匠精神培养质量的过程中，尤其需要加强课程模式与"互联网+"业态相适应、专业设置与市场紧密对接和产教深度融合。在国家经济发展对高素质技能型人才急切需求的今天，教育担负着技能型人才培养的重任，对其工匠精神的培养迫在眉睫。

第六章　工匠精神与高校教育融合培育的实践研究

第一节　工匠精神培育与高校创新创业教育的培育

“在我国制造业转型升级快速发展的关键阶段，高素质技术应用型人才的供给保障至关重要”①。创新创业教育（简称双创教育），既是高校教育教学改革工作顺利推进的体现，又是学生展示和锻炼自我的舞台，还是促进学生就业创业的重要形式。高校双创教育的目的是帮助学生培养创新创业意识、启迪创新创造思维、孕育创业实践行为，从而树立积极进取的形象。当前高校双创教育工作进展缓慢，亟待将工匠精神培育融入其中。将工匠精神培育融入高校双创教育，有利于改进高校双创教育的工作，促进高校教育教学改革实现转型发展和创新型人才培养质量提升，进而促进制造强国战略的实施，推动经济社会高质量发展。

一、创新创业教育的认知

（一）创新创业的思维与要素

1. 创新创业的思维

广义的创造性思维可以被界定为：凡是对某一具体的思维主体而言，具有新颖、独到意义的任何思维。在这种定义下，所有手艺精巧的工匠、建筑师、艺术家都是具有创造性思维的人。狭义的创造性思维是指在人类认识史上首次产生的、前所未有的、具有较大社

---

① 司马韦伟．德育视角下技术应用型人才“工匠精神”时代内涵探析 [J]. 黑龙江人力资源和社会保障，2021（14）：14.

会意义的高级思维活动。大多数对创造性思维这个词不太熟悉的人，都会把它和任何一个领域中杰出人物联系在一起。通常而言，贝多芬、凡·高等都被公认为典型的具有创造性思维的艺术家，爱因斯坦和爱迪生等著名科学家也被认为具有创造性思维。然而，一个具有多项才能的人，如达·芬奇，作为意大利的书画家、雕刻家、建筑家及工程师，却可能被认为是一个没有正式创造力资格的人。严格而言，达·芬奇是在多方面都具有创造性思维的。所以，创造性思维有时容易被混淆或者被忽视，也可能对某些特殊个体表现的界定存在争议。总的而言，狭义的创造性思维可以被认为是杰出与独创的概念联结在一起的产物。

创新创业创造性思维的特性。人们对于自身创造性思维的了解甚少且不尽相同，因此，对创造性思维的特征也有不同的看法。然而，就其基本特征，相对一般思维方式而言，创造性思维具有自变性、否定性。

（1）创造性思维的自变性。世界上的万事万物都像川流不息的河流一样，永远处在不停地运动之中。因为世界上的一切事物都是在不断变化的，所以人的思维只有不断变化才能适应这种发展。只有这种思维的变革发生在事物的变革之前，才能引导或促进事物的发展变化。这种发生在事物变革之前的思维，就是我们所说的创造性思维的一种形式。

创造性思维产生于社会变革的要求，发展于社会变革之中，又消亡于社会变革之后，正是这种循环形成了社会的进步，这种思维的变革和社会的变革是密不可分的。思维的变革源于社会变革的要求，却又先于社会变革。创造性思维引导着一批先进人物从社会发展的客观规律出发，不断发现社会自身不合理的东西，并力图改变、完善它们。在一种创造性思维的变革主张被绝大多数人所接受并经过一定的过程之后，这种思维的内部就会开始孕育并分化。其中，一部分会转变为传统的观念而保留下来；另一部分则随着自身的消失转变成新的意识。因此，创造性思维的更替在自身的变革中完成。这种自变使得创造性思维得以升华，也体现了创造性思维发展的内在机制。

（2）创造性思维的否定性。创造性思维的否定性是指从反面或对立面来思考一个事物，把事物中落后的、过时的、没有价值的东西排除，对其中进步的、先进的、有价值的东西加以肯定，并在此基础上创造出新的事物或形成新的观念。创造性思维的否定性主要表现在两个方面：一方面是对现存事物的否定；另一方面是对反映过去的或现存的事物的思想的否定。对现存事物的否定是希望一种新的事物出现，而对其思想的否定则体现了创造性思维取代传统观念的过程。前者的否定在某种程度上依赖于后者的存在，尽管新事物代替旧事物要比新思维代替旧思维容易得多，甚至可能会走在观念更替的前面，但是，如果没有对思维本身的否定，那么对事物的否定便是盲目的。创造性思维的否定性表现在对已经产生并且已过时的现存思维的否定。思维本身具有继承性，也就是先用其否定性过滤后再继承。

2. 创新创业的要素

创新创业要素是创业活动所必须具有的实质或本质，组成部分创业成功是一系列要素科学组合的结果。创业者可以通过改善这些要素的组合，提高其创新创业成功的可能性。

（1）创新创业的必备要素

第一，诚信。诚信作为一种特殊的资本形态，诚信成为企业立足之本与发展源泉。创业项目、商业计划、企业模式等都可适时而变，唯有创业者品质难以在短时间内改变。创业者品质决定企业的市场声誉和发展空间。

第二，自信。对创业者而言，信心是创业的动力。要对自己有信心，对未来有信心，要坚信成败并非命中注定而是全靠自己的努力，更要坚信自己能战胜一切困难。

第三，勇气。成功需要经验积累，创业的过程就是在失败中积累经验财富。

第四，领袖精神。创业者是企业的一面精神旗帜，其言行都将影响企业的荣辱兴衰。企业文化精髓就是创业者的领袖精神，这是凝聚员工“不可复制”的财富，更是初创企业生存和发展的关键。许多优秀的跨国企业中，领袖精神随处可见。对于创业者而言，注重塑造领袖精神，比积累财富更加重要，因为财富可在瞬间赢得或失去，但是，领袖精神永远是赢得未来的无形资本。

第五，社交能力。人脉圈成为创业信息、资金、经验的“蓄水池”，在商业活动中起到较为重要的功效。扩大社交圈，通过朋友掌握更多信息、寻求更大发展，日益成为成功创业的途径。

（2）创新创业的其他要素

第一，分享与反省要素。创业者一定要懂得分享。分享不仅局限于企业或团队内部。对创业者而言，对外部的分享也同样重要。反省是一种学习能力。创业既然是一个不断摸索的过程，创业者会在此过程中犯错误。反省，是认识错误、改正错误的前提。对创业者而言，反省的过程，就是学习的过程。自我反省的能力与自我反省的精神，决定创业者认识自己的错误，并改正错误。

第二，理想与忍耐要素。创业者的理想的实现，伴随着行动力和牺牲精神。企业家的预期和他的努力相互作用，预期越高努力越大，努力越大预期越高，预期和努力两个作用力交替起作用。对于创业者而言，忍耐是必须具备的品格。忍受事业与生活、身体与精神的折磨，反思自我才能有所进步和发展。

第三，眼界要素。对于创业者而言，创业者的创业思路来源包括：①职业。对行业运作规律、技术、管理、市场熟悉，提高创业活动成功率。②阅读。阅读增长知识和见闻。③外出。开阔眼界。④交友。拓宽人脉，在生活中激发创业灵感。

第四，谋略与胆量要素。创业者的智谋，将决定创业者创业的成败。在目前产品日益同质化，市场有限，竞争激烈的情况下，创业者的能力较为重要。对于创业者而言，创业需要胆量，需要冒险。冒险精神是创业家精神的一个重要组成部分，创业者要分清冒险与冒进的关系。

（二）创新创业教育的优势与意义

“创新创业教育”是一个全新的概念，是由中国的创新思想与实践经验同外国所提倡的创业教育相统一而形成。学术理论界对此有很多理解，创新创业教育的理念与想法有所不同。创业创新教育指的是培育一部分兼有探索思想以及冒险思维的活动，同时具备相应的创造能力和公司管理能力的活动。

创新创业教育是一种新的教育模式，是一种各方面教育教学理念相结合的教育，需要针对全部的高校学生，同时也需要符合当代经济发展的要求。创新创业教育主要目的不仅是培养高校学生的探索精神和创业能力，同时也要提高高校学生创新思维的并培养其自主意识。创新创业教育不同于传统意义上的教育思想，它让高校的教育教学和创业之间关系更加密切，为高校大学生走向社会、走向创业之路奠定了非常牢固的根基。

创新创业教育提倡自主意识，而不是去等着让别人挑选，它所要求的是大学生们的自主创造力，同时，也需要有相应的探索以及创新能力。只有这样，大学生才能在走出校园后去发现自己，自主地探索与创业。其实简单而言，它是让被动变为主动，通过简单角色的转换开发出新的思想。创新创业教育是基于传统教育方式演变而来，它有很多特别的方面，包括以下方面：

第一，传统的教育模式目的性相对不强，但是创新创业教育是以学校学生为对象，并且目的明确。创新创业教育不仅可以给学生创立更多的创业机会与创业建议，还可以让学生去相关企业实践，了解更多的管理思想。相对应的方式有创业进程设计、定期定点实践以及开展管理经营教学等。

第二，创新创业教育的核心是实践，通过各项实地实践可以最大限度去激发学生的创业思维，例如，设立一些和创业有关的活动或者竞赛等，还可以设立相关创新理念或创业能力方面的奖金等。相关的创业中心、创业协会、学校创业社团基地等也是非常可行，这些可以使学生切身了解到创新创业教育的模式。

第三，创新创业教育需要有相应的依托。高校自行建立的创新创业基地可以很好地实现这一目的，能够给本校学生提供更多的创业课程以及管理理论知识。例如，建立研究中心或者创新创业基地，都可以为学生提供一个很好的平台。

1. 创新创业教育的优势

创新创业教育在特定的经济转型时期，能够为学生创造更多的就业机会，对缓解学生就业难的问题起到非常重要的作用。创业者通过自主创业，不但能够解决自己的就业问题，而且还能创造出大量就业岗位，帮助其他学生就业，从而较好地缓和社会岗位需求和劳动力资源之间的冲突，对于现在社会就业难的问题，起到较好的缓和作用，有利于促进社会的稳定、和谐发展。同时，它还能在一定程度上改变人们的就业观念，倡导学生进行创新创业，为培养具有创业实战技能和创新精神的人才创造条件。因此，在社会经济转型时期，创新创业教育是国内高校教育改革的一个重要方向。

（1）提升知识经济与社会经济转型与发展。知识经济是一种具有创新动力的资源，它将知识和科技信息的重要性放在传统的土地、原材料、资本和劳动力等资源之上，这是继以自然资源生产为核心的工业革命之后又一次重要的社会变革，怎样将人的创新潜能最大化将是其主要任务。经济的发展必然是建立在知识提升的基础上，而创新型人才的培养将是提升知识的重要手段和途径，创新型人才是一种高素质、复合型的人才。

在知识的传播、创造、转化和应用中，高校的作用极其重要，它将推动知识经济的发展和壮大。现在为了适应知识经济社会的发展需求，要求高校对人才培养做出适当的调整，其目标将转换为培养创新型人才，而非只是传统的就业型人才和应用型人才。因此，培养具有强烈创新意识、创新精神以及创新实践能力的高素质、复合型人才也将成为经济转型时期中高校人才培养的首要目标和最终任务。

目前我国正面临着资源配置和经济发展方式的重要转变，这也正是社会主义市场经济转型的重要时期。对传统经济模式予以改革，才能适应未来经济社会发展的要求，促进国内经济的高速稳定发展。高校开展创新创业教育在一定程度上可以为国内经济社会转型保驾护航，从中涌现出大量的新兴工业和新兴产业，为经济发展创造新的增长点，使产业链得到更好的优化和延伸，为产业结构的完善和提升营造有利的市场环境。为了培养出既具备专业知识又具有创业实战技能的人才，需要高校在教育中融入创新创业培养理念，从而使学生具备更强的国际竞争力，这也是高校为适应社会主义市场经济转型所必须进行的改革目标。

（2）提高全民综合素质与教育改革深化。创新创业教育改革要在传统教育和传统就业的基础上进行创新，有利于推动知识经济的发展，优化和改进市场经济体制，从而满足市场对人才的需求。对教育进行改革的最终目标是促进经济的增长。因此，对传统教育进行改革是要采用创新式的学习方法和模式，用于面对新的挑战时，积极抓住新的机遇，从而促进国家稳定健康的发展。创新创业教育不仅积极促进受教育者转变传统的创业观念和就业理念，而且还对人们的教育观念转变产生积极的影响。高校要基于本土的实际情况和教育现状，并结合优秀的教育经验展开具有创新意义的教育改革，为形成中国特色的创新创业教育特色而努力。

教育改革的各个方面都要进行创新改革，从而完成创新创业教育的顺利转型。提高全民综合素质，使创新创业教育人才真正发挥自己的所长，确保国内经济建设的稳定发展，这也将是国内在很长一段时间内创新创业教育改革的重要目标。从教学内容体系的角度来看，平衡专业和行业之间的关系，并且让专业得到拓展，构建和完善受教育者个性化的知识结构体系，这是创新创业教育改革所要达到的教育目标；从教学形式的角度来看，受教育者要具备强烈的创新创业意识，不但要发挥传统讲授教学方式的积极作用，同时还要丰富创新创业教育方法，让学生能够把握住商业发展机会，从而抓住创业机遇，寻找合适的创业伙伴，还可以多参与各种形式的创业实践活动，积累丰富的实践经验和实践技能，为以后的创业做好准备。

以上这都需要从根本上对传统教育功能进行改革和升级，促进社会、经济和教育三方的协调与发展，培养学生的创新精神，提高学生的实战技能，满足国家对创新型、复合型人才的需求。创新创业教育不但能够使全民的综合素质得到有效提升，同时，还能促进国内的高等教育改革，这是知识经济发展的必然方向，也是国家高等教育所必须面对的挑战和责任。而且中国的基本国情也需要进行创新创业教育改革，这已经引起社会各界的普遍关注。高校进行创新创意教育具有两个方面的内涵：一方面是创新创业教育活动的开展，将有利于培养学生的创业观念和创新精神，对整体国民素质的提升具有重要意义；另一方面是创新创业教育有利于完善和改进中国转型时期的高等教育内容体系。

（3）推动区域经济发展。创新创业教育理念的深入发展，有利于挖掘和培养创新型人才，推动社会经济的稳定、快速发展，同时也对区域经济发展起到一定的支撑和推动作用。任何一个区域，都具有自己的特色产业和优势产业，这也是推动区域经济发展的重要内动力。而创业者更是区域经济发展的一个重要因素，他们的素质和能力都将直接影响着经济的发展，对区域经济的长期稳定发展有着至关重要的作用，同时，还制约着企业创办数量的增长速度，这些因素都是衡量区域经济发展水平的重要因素。

（4）全面发展学生个人素质。国家经济的高速发展，离不开高素质劳动者的努力付出和辛勤工作。而一个高素质的劳动者，不但需要在基础文化素质、技术、职业素质以及思想品德素质上达到一定水平，同时对创业素质有较高的要求。创业精神以及开拓精神是一个高素质劳动者所必须具备的精神，也是推动社会主义现代化建设的重要条件和前提。创业者的目光不能只停留在提高自身能力和实现自我价值的层面，而更应该从国家富强的角度来看待自己的创业。

创新创业素质是受教育者最基本的综合素质，它能有效引导受教育者向更高层次的素质发展。学生的创业发展可能是一个长期的、艰苦的过程，会遭受各种各样的难题，遇到各种各样的挑战，并受到来自外界和自身因素的影响。自身因素主要包括创新创业知识、素质、能力和意识等。而这都需要对学生进行创新创业教育才能使其具备这些素质，并激发他们的创造潜能，发挥他们的优势，为其创造更具优势的市场竞争力，帮助创业者进行职业发展规划、体现自身社会价值。

在素质教育过程中，最主要的目标是培养学生的创业意识和提高学生的创业能力。一个人的创新潜能和动手实践能力将决定他能否创业成功。在创业中不能忽视创新的意义，它将直接影响着创业能力的大小，而创业的成功更离不开扎实的创新教育。创新和创业的本质是创新实践，所有的创新创业活动开展都是创新实践的体现，特别是高科技的创新创业，都需要通过创业实践证明其有效性。

创新教育比较重视对人的素质发展进行整体的了解，而创业教育则是注重帮助受教者实现自我价值和社会价值，这两者在本质上和内容上具有一定的相通性，两者是相互促进、相互制约的关系。创新创业教育是通过培养学生的创业技能和创业精神，从而促进其进行创业实践和创业训练，并不断培养学生创新能力的过程。创新教育和创业教育是紧密相连的、不可分割的关系。学生将是未来社会发展的主导者和承担者，因而培养他们的创新意识和创业精神，也将是高校教育改革的重要目标和方向。

2. 创新创业教育的意义

创业创新教育在经济、文明高度发达的现代社会，是传统高等教育适应时代需求后的必然发展方向，它深刻影响着国家经济、政治、文化的发展，是一个国家、一个民族兴旺发展的内在动力。如今，创新创业教育已经成为各国教育的重点、要点，也是影响综合国力的重要因素之一。

（1）创新创业教育的社会经济意义

第一，创新创业教育是知识经济时代的客观需要。目前，随着以微电子技术、计算机应用技术、多媒体技术、卫星和光缆为载体的通信技术为核心的信息技术的发展以及全球经济一体化的推进，知识经济已在世界范围内兴起。在知识经济时代，综合国力的强大，与科学技术新知识总量在国际上所占的份额、创造新知识的优秀人才总量在国际上所占的份额等，有重要的关系。因此，面对知识经济的浪潮，培养创新创业型人才已成为紧迫问题。高等教育作为整个教育体系的最高层次，在知识经济时代处于核心的地位。

知识经济时代，社会支持、鼓励广大学生创业，创造新产业，创造新的工作岗位。高校必须实施创新创业教育，培养学生的创新意识和创业能力，才能让中国在不断适应时代潮流中实现自我发展。需要学校把教育的重点转移到创新创业教育上来，转移到培养创新创业人才上来。建立面向全民的创新创业教育系统是一项紧迫的任务。开发在校大学生的创新创业智慧，引导、鼓励他们在“创中学，学中创”，将加快创新创业型人才的培养进程。

工业时代给人才培养带来了两大主要挑战：①对人才的创新能力提出了更高的要求，人类在生产活动中的身份在转变，人类已不是传统的服务者角色，而是扮演着全新的指挥者、决策者和规划者的角色，这也对人才提出了更高层次的要求；②智能化带来的天然劳动力让企业人才需求下降，与之相伴的就是高校学子就业率不断降低，社会市场人才过剩成为常态。因此，创新创业型人才培养是教育发展的必然趋势，创新创业教育能为社会提供更多新型人才，也能为社会创造更多新职位。创新创业教育是知识经济时代的制高点，能有效提升国家在未来的经济、文化竞争中的竞争力。目前，智力资本、人才资本已经成为当今时代企业竞争的重要资源，因此，为适应时代发展，企业的管理者更需要具备创新意识，用创新的眼光透视市场，及时把握市场机会。

第二，创新创业教育是社会经济持续增长的内在动力。随着社会生产力的不断发展，技术和教育成为新时代衡量社会经济增长的测算指标，即技术进步指数。一般而言，经济增长的四要素主要包括：①制度架构或制度资本；②自然资源禀赋；③劳动力；④土地，知识经济是促进经济增长的主要动力。创新创业教育培养出的创新型人才能有力推进国家经济发展，为国家的繁荣与强盛提供源源不断的发展动力，简而言之，创新创业教育是维持当今时代社会经济持续增长的内在动力。

（2）创新创业教育的发展意义

第一，创新创业教育有助于教育思想转变。高校要把创新创业教育实质性精神，融入高等学校整体的教育管理和具体教学过程，围绕创新创业教育重新构建适应时代需求的人才培养模式，在创新知识与创新技能的吸收中，激发学生的个性与潜能，推动学生全面发展，并将这一理念推广到整个高等教育内部，推动国家建设创新型教育思维和教育模式，进而深化当代素质教育，确立以培养创新意识为目的的新时代教育理念。

高校教育要进行教育观念的更新和教育思想的转变，只有这样才能实现中国高校教育真正意义上的跨越式发展。高校教育要在创新创业教育思维、知识和方法上取得有价值的全新成果，培养高素质创新创业人才，不仅要提高广大教师自身的综合素质，更为重要的是使每一位教师充分认识到自身在创新创业教育中的重要地位和主导作用，切实转变育人观念，着力增强大学生服务国家与人民的社会责任感。

创业的本质与核心是创新创造，创业早就不再局限于人们所认为的只有创办企业才叫创业，它现在更加强调的是对大学生学习能力的培养，旨在让大学生学会学习与生存，学会把握机会，加快自我发展的步伐。教师教书育人观念的转变，是高等学校现在教育思想转变和教育观念更新的具体表现。现在，创新创业教育是围绕着创新这一本质与核心展开的，其中所强调的个性、创新性、实操性还有开放性都是其根本属性，创新创业教育早就不再局限于对学生专业知识的灌输，更注重的是对学生创新意识与创新精神的培养。

第二，创新创业教育有助于教学模式创新。创业创新教育有助于教学培养模式的创新，具体体现在两个方面：一方面是人才培养模式的创新；另一方面是教学管理模式的创新。创业创新教育是以创新精神为导向，建立新的人才培养方案和目标，主要体现在以下方面。

一是在学分构成上，可以增设创新创业学分或者提高创新创业内容所占比重。

二是在课程设置上，将创新创业教育融入传统专业教育课程体系中，并为学生搭建创新创业实践平台，为学生提供更多实践机会。

三是在教学内容上，教学内容应当注重培养学生将所学知识运用到实践的能力，发挥课堂对创新创业人才的培养作用。

四是在考核方式上，课程考试的内容和方法要充分“考核”创新。教师作为高校教育在教师与学生之间所形成的教学关系和教学效果中的主导者，是课堂教学的主要实施者，要使广大教师坚持教学的创新性与互动性原则，自觉参与人才培养方案修订、人才培养目标与规格调整等教学设计规划活动。

五是在教学方法上，要更加注重启发式与探究式相结合，树立“以学生为主体”“以学生为中心”的教学观念，从而，推动人才培养模式真正实现创新。

六是在教学管理和教学监控上完善监控与管理机制，在教育实施的全过程对学生进行评估监测，并通过评估不断调节创业教育的推进状态，促进新型人才培养模式的形成。

七是在教学理念上更加注重理论性与实践性相结合。

八是在教学内容上更加注重知识传授与技能培养相结合。

第三，创新创业教育是教育改革的必然趋势。创新创业教育受到世界越来越多国家的关注，是顺应时代潮流的必然的教育改革趋势。全面推进素质教育，实现高校教育转型，培养适合社会与市场需求的创新型人才，也是我国高校教育改革工作的主要目标，创新创业型人才的培养也是适应社会主义市场经济发展要求的人才培养目标。

如今，已经进入全新的知识经济时代，创新创业教育就是新时代对高校教育提出的新要求。知识经济时代的特征是科技产业发达、市场环境多变、产业变革迅速等，在这样的时代环境中创新与共享已经成为市场常态，因此，高校教育如何适应新时代的需求，培养符合时代潮流的创新型人才，是当下教育改革面临的重要课题。

（三）创新创业教育的主要模式

1. 综合式创新创业教育模式

综合式创新创业教育模式强调创业教育的系统性，建立涵盖课程培训、师资队伍、创业实践、基地平台、服务体系等在内的创新创业教育体系，目的是增强创业意识、普及创业知识、提升创业能力。课程培训主要围绕三个方面开展：①创业基础理论课程，包括创业管理、创业心理学、新创企业管理等；②了解企业课程；③创新是人类的最高本性。国家的创新来自创新的人才，创新的人才来自创新的教育。学校教育是教与学两个过程的统一。以教师为主的教的过程有双重使命：创造知识并且传播知识。以学生为主的学的过程同样需要创造力。在教育活动中，大学生创造能力的发展需要一个自由全面、和谐发展的条件和空间。因此，必须尊重大学生的勇气，尊重大学生的表达和质疑，尊重大学生个性特长和自我选择与创造。

2. 专业实践式创新创业教育模式

专业实践式创新创业教育模式主要有以下实现形式。

（1）“引进来”，依托学校的重点实验室（工程中心）与企业建立合作关系，搭建创新训练类的实践平台，从企业中聘请专家作为创业顾问，为学生在校期间围绕专业开展创业实践提供支持。学校重点实验室是学校和企业开展产学研合作的重要基地，拥有专业优势、设备优势、人才优势、项目优势以及和企业的对接优势，在完成日常教学和科研任务的同时，可以在加强日常管理的基础上，进一步开放为大学生创新创业实践基地。

（2）“走出去”，与学校周边的企业或与学校建立学生实践，合作关系的企业共同建立创业实习类的实践平台，通过“干中学”的方式培养学生的创新创业能力，同时也可以增强学生的创业体验。

（3）“增体验”，通过搭建创业体验类的实践平台，采取创办专业模拟公司、搭建专业模拟市场的方式，增强学生的创业体验，将不同学科的学生打造成一个创业团队，充分利用各自专业特长。

（4）“打比赛”，通过搭建创业竞赛类实践平台，依托各种形式的创业竞赛提高学生创业意识，包括国家大学生创新创业训练计划大赛、创青春的国赛和省赛、行业性质的创业竞赛、校内自组织的小型竞赛等。

3. 科研项目孵化式创新创业教育模式

科研项目孵化式创新创业教育模式主要有两种形式：一种是“导师的科研项目 + 导师指导 + 学生自主学习 + 创新训练 + 创业训练”，通过吸引学生参与导师的科研项目，在增强学生基础理论知识的同时，培养学生的创新精神，在科技成果转化过程中帮助学生寻找创业机会；另一种是“企业的科研项目 + 导师指导 + 学生自主学习 + 科研项目产业化”，由企业特别是校友企业提出技术需求或项目，在校内外创业导师的共同指导下，学生完成项目研发或后续在企业的产业化。

4. 政产学研金介用合作式创新创业教育模式

在政产学研金介用合作式创业教育模式下，创新创业教育的不同利益相关主题扮演着不同的角色，共同推进创新创业教育。高校是创新创业教育的核心主体，教师传授学生基本的技能、知识，提供创新创业训练的机会和平台；政府相关部门主要提供政策和资金支持；银行机构和创投机构主要为具有竞争力及市场开发价值的创业项目进行投融资；中介机构和孵化机构则为创业项目提供工商税收、财务法律以及基本创业辅导和服务；企业为高校搭建学生实习实践平台；科研院所则是高校科研合作的重要力量，这些主体为创新创业提供了知识流、信息流、资金流等硬件和软件的支撑，形成推进创新创业教育的合力。

二、工匠精神与创新创业教育融合培育必要性

建设创新型国家是我国的时代理念和发展战略，具备创新精神和创新创业能力对学生职业发展有不可替代的作用。但就现状而言，学生所具备的创新创业能力尚有很大提升空间。工匠精神本身能与时俱进地拓展其所饱含的精神价值，将工匠精神培育融入高校创新创业教育，培养学生的科学精神、家国情怀和生命态度，能帮助学生完善自我，可以补齐高校创新创业教育的短板，提高创新创业教育的有效性，从而促进高校教育教学改革实现转型发展，还有助于学生提升创新创业能力，助其实现人生价值，也有助于切实落实全国高校的思想政治工作会议精神，推动实现中华民族伟大复兴强国梦。

（一）工匠精神充盈科学精神的内涵

工匠精神所饱含的民族精神、创造精神、品质精神、服务精神与科学精神所饱含的全民精神、探索精神、攀登精神、奉献精神有严密契合点。工匠精神培育可以引导学生正确生活观念的确立，促进其良好职业理念的树立，引领其人生方向及价值观的确立。工匠精神的传承与培育，有利于营造崇尚劳动、尊重劳动、热爱劳动、辛勤劳动、诚实劳动、创

造劳动的新时代新风尚，有利于科学精神的树立和维护。由此可见，工匠精神能对科学精神的内涵进行充盈，呈现了科学精神的内在维度。

（二）工匠精神充分体现家国的情怀

培育工匠精神就是涵养家国情怀。人才是精神的承载者，精神是人才的引导力，保障集体利益，培育工匠精神，从人才和教育出发是基础。我国市场经济体制起步较晚，监管机制尚不完善。工匠精神的培育在一定程度上能提升生产者的职业素养，提升制造行业从业者的整体素质，在制造源头追求优效、高质产品，提升产品质量和价值，从而助推“中国制造”向“中国智造”发展，提升综合国力。培育工匠精神，可以激励大学生树立“为中华之崛起而读书”“为中华民族伟大复兴而学习”的信念，自觉把个人的创新理想追求融入国家和民族的事业中，把远大创业抱负落实到勤奋学习的实际行动中。由此可见，工匠精神是一种意识形态，是一种精神理念和价值追求，在创新创业教育中培育工匠精神正是涵养家国情怀。

（三）工匠精神引领认识生命的态度

人类因为追求文明而文明，生命因为态度不同而不同。美丽的生命应当拥有平等、尊重、珍惜、奉献的生命态度，唯有如此，方可获得充实而精彩的生命旅程。生命态度可以解读为两个方面：①对待生命以及生命价值的态度，即对生命是否平等对待、是否尊重和珍视；②对职业的态度，即对自己及他人所从事的职业、付出努力和获得成果等是否认同。

正确的生命态度建立在正确的世界观、人生观、价值观的基础之上。弘扬工匠精神可以引领学生树立正确的世界观、人生观、价值观，帮助他们在喧嚣浮躁的现代都市中做好“人生舞台”的设计师，并就此磨砺心智、雕琢人生，进而正确认识生命态度。培育工匠精神，不仅是新时代学生健康成长成才的必然需要，也是促进中国制造前行的精神源泉、企业参与国际竞争发展的品牌资本甚至是全社会文明进步的重要尺度。在新时代背景下，各高校应积极响应国家的号召，不断优化教育教学环境，采取有效对策，着力对学生工匠精神培育体系加强建设，促进学生具备积极的生命态度，为促进其健康成长并实现自身价值保驾护航，最终走出校园融入社会的学生们必将影响甚至引领所在群体乃至整个社会。

总而言之，工匠精神是新时代发展的必然选择，是生命态度的美好愿景。工匠精神是强化学生社会责任感的不竭动力，是提升学生个人精神品质的重要指引，是学生实现人生价值的精神支柱，更是启迪学生就业创业梦想的精神源泉。培育工匠精神，可以引导学生坚守人生理想，纯洁道德情操，坚持敬业精神，严谨职业态度，重塑生命态度，进而引领社会风尚，打造中国未来民族性格，助力中华民族伟大复兴。

三、工匠精神与创新创业教育融合培育的策略

（一）工匠精神与双创教育的学习素材融合

高校双创教育之所以呈现出实效性不足的问题，学习内容和学习资源单调是其中重要的原因。目前，供学生学习的资源有限、素材不足，学习形式简单并且缺乏趣味性，素材主要以创新创业理论教材为主。为此，开发培育工匠精神与创新创业的理论知识高度融合的双创新型学习素材至关重要。工匠精神与双创教育的学习素材融合的具体措施如下。

1. 调整饱含工匠精神培育的双创教育教材

调整饱含工匠精神培育元素的创新创业新型教材，在一定程度上，能弥补传统双创教材单一性的不足，有助于提高学生对双创教育和创新创业的学习兴趣。目前，多数高校所使用的创新创业教材都是大众化读本，其特点是课程内容简单，基本都是对创新创业相关理论的抽象罗列和对创业流程的大致说明，学生对一些知识点的理解较为困难。改版传统教材编订模式，科学调整创新创业教育理论知识与实操的课时比例，在教材中，增加培育学生工匠精神的内容，适当添加微成功案例，有助于有效实施双创教育。

事实上，在学生身边有很多就业创业微成功的案例，挖掘微成功案例主人公身上的闪光点和正能量，以身边人、身边事作为引领，给人以榜样和示范作用，这往往是学生容易接受的、喜闻乐见的形式。将微成功案例写进双创教育教材，本身就是把工匠精神培育与双创相结合的重要体现，不仅能激发学生的学习兴趣，而且能潜移默化地培育大学生的工匠精神。

2. 开发饱含工匠精神培育的双创教育资源

创建饱含工匠精神的双创教育网络交流平台，着力搭建学生、创业导师、企业家、创业家及优秀校友之间的新型沟通交流渠道。建立创新创业官方门户网站，开通以网络授听课、在线就业创业日常问题咨询、开创商机共同研讨、线上组织创新创业网络活动等服务，着力传递创新创业理论知识，以培育爱思考、勤学习、爱操作的工匠达人为目标。一方面，发挥平台的榜样引领作用，可以促进学生与相关优秀人员交流，学习其优秀品质，从而培育学生的工匠精神；另一方面，发挥平台的实战教育功能，可以借助平台开展创新创业实战教育和指导，帮助学生创业者厘清创新创业战略的本质，满足相关利益者的不同利益需求，避免创新长远战略价值与创业短期利益影响。

（二）工匠精神与双创教育的教学环节融合

高校应解读创业教育课程的深层内涵，紧密结合本校实际，把双创教育置于高校发展战略规划顶层设计，修订人才培养方案，使双创教育课程与学生的专业课程相互融合，将双创教育融入素质教育之中，提升学生的就业创业能力。因此，高校创建双创教育课程，要以培育具备工匠精神和双创能力为核心，以工匠精神培育为先导，以提升双创教育有效性为目的。

1. 工匠精神融入双创教育课程体系

高校在把专业特征和行业发展前景相结合的基础上，可通过剖析工匠精神内涵各要素诸如追求卓越、坚守品牌、科学精神、家国情怀、生命态度等，构建高校新型的创新创业课程体系。通过严格的教学实施、教学反馈、教学考核、教学评估，工匠精神在创新创业课程中得到了切实的保障。同时，通过举办校企合作系列活动，有针对性地邀请本专业以及相关行业中的能工巧匠、创业先锋给学生制作专题报告并现场答疑，展现工匠形象和双创价值，传递工匠精神，使学生受到激励和感染。学校应对理论知识传授、人文精神教育、道德法治教育进行重构，把工匠精神打造为创新创业教育课程的引领角色，不断引导学生对创新创业和创造产生深层次的理解和认同，进而养成爱岗敬业、专注执着的工匠素养。

2. 改变双创教育教学组织管理方式

相比传统教育教学组织管理方式，双创教育的教学方式更应突出学生的参与度，创建一种实践性、体验性较强的教育模式。教师要随时关注学生的感受和体验，根据课程内容采取灵活多样的教学方式方法，如案例式、问题式、专题式、讨论式、对话式、情境式教学等，增强教育教学的亲和力与吸引力，从而提高学生学习的积极性、主动性、创造性和实效性。教师还可以利用“智慧树”“雨课堂”等智慧课堂新手段，推进课堂教学革命，弥补本校双创教育课程资源单一的问题。

3. 营造饱含工匠精神的校园文化气氛

为大学校园文化注入工匠精神的新活力，紧密结合学生所学专业以及将来可能步入的行业因地制宜地培育其工匠精神。饱含工匠精神的校园文化氛围的营造方法包括：①制作工匠精神专题宣传展板或宣传栏，在校园内展示一些能工巧匠的生平事迹和专业素质；②在本专业实验实训室悬挂行业领军人物的工作照，并介绍其先进事迹；③在校园内定期举办培育工匠精神的相关活动，或者在橱窗中展览大国工匠的先进事迹。以上这些举措可以使学生在潜移默化中受到工匠精神的熏陶，自觉进行学习修炼，培养工匠人所具备的职业素质和职业道德，练就工匠匠心。

（三）工匠精神与双创教育的师资建设融合

师资队伍建设是影响高校双创教育成效的重要因素，当前高校双创教育发展进入窘境的一个重要原因就是教师缺乏专业培训和正确引导。学生职业精神的双创往往来源于教师职业素养的示范作用，换言之，培养学生职业精神也是教师对职业精神的更高追求，它不仅可以促进学生不断学习，而且可以将此为模范。教师以身作则、率先垂范，可以对学生职业精神进行有效培养。因此，把工匠精神培育融入双创教育的师资建设，就具有了重要的现实意义。

1. 构建具备工匠精神的双创教育师资团队

高校培养创新创业人才，需要配备具有强烈工匠意识并掌握丰富创新创业知识的高质量专业化师资团队。各高校需要对教授创新创业教育的教师予以严格把关，对授课教师进行专业培训，尽可能将教师引入大型企业等创新创业基地进行学习，加强内部交流，不断充实创新创业教育师资新生力量，实现师资队伍的良性增长。

高校要尽力解决由承担其他课程的教师兼任创新创业课程的问题，积极推进校企合作，定期不定期地派遣双创教育专职教师进入合作企业参观、交流、学习，将理论知识与行业中的实际应用对接，让教师不断更新自身理论知识，以及学习和塑造匠人们所具备的工匠精神和品质，切实加强教师创新创业实践能力的培养。唯有如此，教师才可能在日常教学中通过切实感知以及潜移默化的方式，来对学生进行工匠精神培育，将知识素养、行为方式进行传递，在生活中用严谨、踏实、科学的态度严格要求自己，通过言传身教影响和要求学生。

2. 建立具有工匠精神的双创教育双导师制

加强校企合作，建设富有工匠精神的创新创业教育专兼结合、校企联合型的双导师队伍。在校内，甄选一批具有工匠精神、具备创新创业理论知识并立志于双创教育的教师，进行全面、专业的系统培训后，成为双创教育的专职教师队伍和校内理论导师；在校外，切实根据学校教学要求和行业能工巧匠自身特点，挑选一批企业一线优秀工作者，成为双创教育的兼职教师和校外实践导师，结合企业特点有针对性地对学生进行专业知识、创业意识、创业精神、创业能力、实践能力等方面的菜单式、订单式培训。

一方面，企业加强了理论研究，企业员工的能力也得以全面提升；另一方面，可以培养学生的工匠精神和动手能力，教师也可以保质保量完成理论教学任务。此外，高校还可以安排双创教育专业教师和实践导师共同牵头，设立并指导学生成立创新创业协会，积极鼓励和组织学生参与其中、交流创新创业相关知识、分享创新创业经验和心得。

（四）工匠精神与双创教育的实践活动融合

工匠精神培育根植于双创教育，不仅要从双创教育的教学、教师、教材等人手，而且要在创新创业实践中进行检验。工匠精神培育要切实进入创新创业的相关实践，并且让学生在具体现实岗位中，不断践行工匠精神，体会工匠精神所饱含和承载的职业精神，有利于学生更进一步地感受工匠精神的内在维度与现实意义。在双创教育活动中，教师不仅要传授创新创业理论知识，不断增加和丰富学生的专业理论知识和专业能力，培养学生严谨、敬业、追求极致的职业情操，还要因地制宜进行创业实训和实践实战，使学生在实际应用过程中，不断去感知、体验乃至挑战与创新，进一步提升自我，逐渐形成精益求精、追求完美的工匠精神。

1. 树立工匠意识

思维和观念是行动的先导，学生怀有开拓进取的意识是创新创业能力得以提高的前提。如果想将创新创业付诸实践，应该树立工匠意识。高速发展的知识经济时代已经到来，世界各国广泛倡导“高、精、尖”理念，工匠精神重新融入了人们的视野。高校和社会各界可以通过报纸、杂志、广播、电视、手机、互联网等大众传媒正面宣传创新创业成功的典型案例，在日常学习、生活和工作中全面树立强烈的工匠意识和浓烈积极的创新创业氛围，从而强化学生创新创业的相关意识。同时，加强教育制度的顶层设计，让充满工匠精神的价值观念和教风学风渗透到广大师生的学习、工作和生活中，让工匠精神培育与双创教育相融合，成为教育理念的一种文化自觉和引领学生成长成才的一种教育方式。

2. 加强工匠精神实训

实训是学生学习的必备环节，也是培育其工匠精神的重要手段。理论知识学习与实训是人们学习任何事物必不可少的环节和行为，不管是自身素质的培养还是综合能力的提升都离不开实训。高校在日常课程设置中注重技能实训的同时，还应重视精神升华，可以专门设置工匠形象和工匠精神的感知板块，积极鼓励学生进行工匠精神的学习和专门实训，增强一丝不苟、坚持不懈、精雕细琢、追求极致的思想意识，不断提高应对行业风险、创业困难、创业失败以及人生坎坷等的心理承受能力，充分培养和磨砺尚德、敬业、严谨、认真、耐心、专注、勤奋、坚持、毅力等工匠品格。以便于学生在今后真正的创新创业实践中，能够充分认识项目现状、特性和发展前景，能够正确分析自身优缺点和思想意识，准确进行人生定位，把握机遇，战胜困难，获取成功。

3. 实际践行工匠精神

在工匠精神与双创教育同时被提到显著位置的新时代，工匠精神的培育对双创教育的发展有着至关重要的作用，更好践行工匠精神是双创教育的根本目的。将理论知识应用到实践中是双创教育的落脚点，积极推动实验实训室、科技孵化中心、创新创业园、实习实践基地等双创教育实践平台的搭建，鼓励和组织学生积极参加各类学术竞赛"互联网+"比赛、创新项目研究、创业实践项目等训练活动和实际创业项目运营。

通过创新创业实践来践行工匠精神，并切实提高创新创业能力、提升综合素质、强化实践意识，从而促进高校教育的产学结合。加强双创教育实践平台的创建，不仅有利于提高双创教育的有效性，而且有利于培育师生的工匠精神。在管理方式上，可以采取学生自我管理与学校健全的管理制度相结合的方式，让学生在实际操作中，不断摸索出属于自己的创新创业模式，不断地进行完善并且加以总结，为日后步入职场奠定坚实基础，为培养高水平的双创人才提供政策支撑。

培育师生工匠精神，不仅能弥补双创教育人文素养培育的缺位与短板，而且能促进高校充盈双创教育素材，合理调整双创教育环节，有效补给双创教育师资队伍，增强学生在双创教育中的实践体验感和获得感，对双创教育的发展具有推动作用和助攻意义。在双创教育中，贯彻落实工匠精神内在品质，可在一定程度上减少双创教育的缺陷，提高双创教育的实效性，把人才培养模式改革落实在以强技能、重道技艺为核心的新时代"工匠"培养上，这是高校双创教育的理性回归，也是高校教育教学改革价值的正确体现。

第二节　工匠精神培育与大学生职业认同教育的融合

一、工匠精神与职业认同教育融合的契合性

（一）目标存在一致性

"当前社会需要的是综合性人才，也就是要求高校毕业生不仅要具备丰富的专业知识和技能，还要具备较高的职业道德品质"[①]，工匠精神培育与学生职业认同教育的最终目的，

① 杨军 . 课程思政背景下高校体育教学中工匠精神培育路径 [J]. 华东纸业，2022，52（2）：41.

都是为了培养适应社会需要，具有良好职业素养的高素质人才。预测一个员工的绩效表现与职业成功的根本要素不是显性的知识、技能，而是隐性的角色认同、价值观与动机。个体的职业认同是职业成功最重要的基础，学生形成对自身未来职业身份的认同，有利于学生认识职业世界、形成职业归属感、职业意义感，建构自我与职业世界的共同体。工匠精神是专业精神、职业态度、人文素养三者的高度统一。由此可见，学生工匠精神培育不仅培育的是技艺，还有艺德，只有同时具有职业技能和职业精神的学生，才能不断适应当前社会经济发展对高素质人才的需求。

（二）内容存在交叉性

工匠精神培育与学生职业认同教育在内容上是互相交叉、相互渗透的。职业认同是由自我统一性一词发展而来的，是职业者对从事职业及其内化的职业角色和积极的认知，体验和行为倾向的综合体，包括认知认同、情感认同和行为认同三个方面。从提升学生职业综合素养和职业发展能力的角度来看，学生职业认同教育通过帮助学生在充分认识自己和职业世界的基础上，进行定向职业素养教育，为学生的职业和事业发展奠定了基础。因此，培育工匠精神时，只有学生自身认识到职业认同对自己未来就业、成长和发展的重要价值，才会自觉将工匠精神融入日常行动中。随着对工匠精神培育与学生职业认同教育的进一步发展，二者在内容相互交叉的层面将会进一步扩大。

（三）功能存在互补性

从逻辑上看，工匠精神与职业认同是彼此包含、相容的关系。一方面，职业认同是培育工匠精神的基础。学生职业认同的形成，有利于个体自我与社会职业角色相融合，是学生未来步入职场“干一行，爱一行”的重要前提，也是工匠精神培育的基础。另一方面工匠精神培育是学生职业认同教育的支撑，对学生职业认同教育起着引领作用。工匠精神，不仅具有高超的技艺和精湛的技能，而且还要有严谨、细致、专注、负责的工作态度，以及对职业的认同感、责任感、荣誉感和使命感。以学生工匠精神培育为引领，有助于学生理清对职业和自我的看法，在其职业生涯发展过程中起到指引方向的作用。

二、工匠精神与职业认同教育融合的必要性

（一）以工匠精神为导向促进高校教育改革

高校教育改革应着力于将专业课程体系设置与产业需求相结合、人才培养方案与人才

市场需求相结合、课程内容与职业标准相结合，在不断提升专业教学质量和学生专业能力培养的同时，更需要注重引导学生对专业、职业的认同，并以职业认同为基础，进一步培育学生以工匠精神为引领和核心的职业精神，使学生养成良好的职业素养，树立正确的职业价值观，以适应企业、社会和自身发展的需要。因此，将工匠精神引入高校教育改革，加强学生职业认同教育是高校改革的必然选择。

（二）以工匠精神为驱动提升专业能力水平

大学阶段是专业认同与职业认同相互转化的关键时期，较高的职业认同使学生对专业、职业形成身份归属感，激励学生为了抓住与自己的抱负相符的机会，而主动适应及学习，可以从根本上避免学习倦怠、焦虑等心理问题，激发学生对专业学习产生积极的行为反应，更能自主、自愿、自发地投入学习，形成对专业学习内在动力和兴趣，对学生专业能力水平及职业能力的提升起到了促进作用，高校的育人目标才能得以真正实现。与此同时，对专业学习的积极行为反应，可以进一步提升学生的职业认同程度，而较高的职业认同度正是学生工匠精神的培育前提和基础。

（三）以工匠精神为核心树立正确的职业价值观

工匠精神是从业人员的一种职业价值取向和行为表现，是与其人生观和价值观紧密相连的。大学阶段正是学生职业价值观形成的关键时期，一方面由于当前社会正处于快速转型时期，受多元化价值观的影响，部分在校学生面对现实环境表现出茫然不知所措，职业价值观呈现出功利化倾向；另一方面，高校教育片面地以结果为导向，侧重技能培育，忽视人文教育。

技术理性与价值理性是对立的两极，技术理性张扬，必然导致价值理性衰微。因此，通过对在校学生工匠精神的培育，使学生在大学学习、实践过程中，对职业价值认识和职业价值评价过程的不断内化“凝聚”形成正确的职业价值观，并将其转化为自己内在的行为准则和价值目标。正确的职业价值观不仅有利于学生以更积极的态度面对学习、生活和职业道路上面临的各种困惑和压力；同时，职业价值认同是职业身份认同的基础。清晰的职业价值观有利于学生树立明确的职业目标，确信职业身份价值，对学生未来职业生涯的可持续性发展提供了方向和力量，对提升高校毕业生就业质量起到了促进作用。

三、工匠精神与职业认同教育融合的现实路径

（一）基于工匠精神构建职业认同协同教育体系

第一，建立课程协同模式。将职业认同教育渗透入专业教育、思政教育、职业规划与就业指导教育中，以第一课堂为主阵地，将工匠精神润物细无声地渗透入课堂中，使工匠精神培育贯穿人才培养全过程，使学生在校期间职业能力得到提升的同时，多维度、多形式地引导大学生树立正确的职业态度，增强学生职业认同感，提升学生职业道德修养。

第二，建立部门协同机制。形成党政工团齐抓共管，辅导员、班主任、任课教师全员参与，形成常态化、长效化的学生职业认同教育机制。

第三，搭建校企协同平台。加强校企互动，一方面可以让企业参与到学校人才培养目标、专业人才标准制定；另一方面，建立双师型队伍，使企业优秀人才有机会走进课堂，鼓励高校教师积极参与社会实践和校外挂职，通过校企合力，共同承担起培育学生工匠精神的职责，使学生也更能客观地将社会的需要与自身发展紧密结合起来，进行合理的职业角色定位，形成明确的、现实的职业目标。

（二）基于工匠精神构建职业认同校园文化环境

校园文化是一种群体文化，对师生的思想品德、道德情操具有影响。高校应该将工匠精神纳入校园文化建设的范畴，营造劳动光荣、技能宝贵、创造伟大的校园文化氛围。

第一，倡导传统文化精华渗透校园文化。作为一个有着几千年历史的文明古国，工匠文化深厚而悠久。历代中华文化中能工巧匠辈出：陶瓷祖师赵概、兴建都江堰的李冰父子、黄道婆、庖丁，等等，他们身上展现出的精益求精的职业态度，正是工匠精神的具体体现。将工匠精神这一传统文化精华渗透校园文化，构建起培育工匠精神良好的校园文化土壤及环境氛围，提升育人文化软实力，为学生职业认同发展提供一个良好的外部环境，有利于学生进一步加深对工匠精神的理解，帮助其认识到工匠精神历史传承的意义。

第二，开展“行业先进人物”“成功校友进校园”“职业成长沙龙”等系列活动。一方面，拉近校园与社会的距离，让在校学生对职业未来有进一步的了解，熟悉行业、企业、职业对从业者的素养要求，领悟职业角色的社会价值；另一方面，借助职场榜样的力量，引领工匠精神示范，使学生们能够近距离在他们身上体察到实现自我价值的希望，感受到作为未来职业共同体成员的价值和意义，建立起积极的职业情感，形成职业身份认同。

（三）基于工匠精神开展职业认同发展指导服务

大学阶段正是学生需要客观的把自己的职业愿望、职业要求和自身的能力、条件，与社会的需要紧密结合起来，进行合理的职业角色定位，找到明确的、现实的职业目标的重要时期。在这个不断动态发展的过程中，可能存在着自身无法处理的种种压力与困难，以高校心理辅导机构为依托，为学生提供专业、有效的指导服务能够有助于及时疏导压力，提升学生心理素质。同时，联合高校就业指导中心，通过开展各类主题性的团体辅导，如职业价值观体验与“团队拓展”等活动为载体，引导学生结合切身体会反思、讨论、分享对职业价值观的理解与应用。通过个性化的心理辅导，以及同质问题的团队指导，为“工匠精神”培育与学生职业认同教育提供有力支持。

总而言之，工匠精神让学生们所处的时代充满真正的活力和激情，他们才是未来的创造者。工匠精神需要在年轻一代人当中普及开来，取得实质性回归。高校只有将工匠精神作为在学生职业素质教育的核心，让学生职业认同教育渗透学校教育的各个层面，使学生在获得职业能力的同时，形成良好的职业素养，在未来成为高素质的职业工作者，满足时代与社会的要求。

第三节　工匠精神视域下应用型高校劳动教育的实践

应用型高校需在劳动教育过程中，大力弘扬劳模精神、劳动精神、工匠精神，培育和践行社会主义核心价值观，积极营造劳动光荣、伟大、崇高的社会风尚和精益求精、追求卓越的爱岗敬业氛围。工匠精神视域下应用型高校劳动教育的实践，具体内容如下：

一、健全完善劳动教育体系

第一，健全劳动教育课程体系。应用型高校要结合自身办学特色、学科专业特色研发校本劳动教育必修课程，合理设置学分，与毕业挂钩，坚持工具理性与价值理性的统一，提高学生综合素质。

第二，运用信息技术创新劳动教育方式方法。应用型高校要利用信息技术开辟劳动教育新路径，借助网络平台有效开展劳动教育，开发使用更有针对性的线上教育资源，立足当下面向未来，培育学生工匠精神。

第三，健全劳动教育评价体系。应用型高校要建立劳动教育的量化考核标准，过程性评价与终结性评价相结合，全面评价学生的劳动能力和劳动成果。在工匠精神视域下，应用型高校要实施多元多维评价，把学生参与社会公益活动的自觉性和社会贡献度，以及参加各级各类技能大赛、创新创业实践活动、职业生涯规划大赛的成绩等纳入劳动教育评价体系。

二、明晰劳动教育的时空逻辑

在工匠精神视域下，应用型高校要拓展劳动教育的时空舞台，实现从以教师为中心到以学生为中心的转变。应用型高校劳动教育要注重培养学生劳动意识、帮助学生树立正确劳动态度、培养学生专业劳动技能、提升学生劳动综合能力。应用型高校应高度关注学生在不同成长阶段的发展诉求，制订劳动教育实施方案，分阶段、分层次持续优化设计劳动教育的目标、内容和形式。

按照时间维度：大一阶段，劳动教育应侧重培养学生劳动意识，内容上以宿舍内务整理、打扫卫生等生活技能劳动教育为主，促使学生养成爱劳动的习惯；大二阶段，劳动教育旨在帮助学生树立正确劳动态度，通过劳动实践培育学生热爱劳动的情感；大三阶段，劳动教育要以培养学生专业劳动技能为主，促使学生精益求精、追求卓越；大四阶段，劳动教育要把培养学生应对职场与社会的挑战作为主要课题，聚焦“善劳动、能成事”，着重培养学生的爱岗敬业精神。

按照空间维度：在劳动教育实施过程中，应用型高校要处理好以下关系。

第一，课内与课外的关系。应用型高校既要充分发挥劳动教育课堂的主阵地作用，又要把劳动教育全方位融入实习实训、社区服务与社会实践等环节中，让学生认识到劳动的意义。

第二，校内与校外的关系。应用型高校要构建校内外协同育人的劳动教育格局，即既要高效利用校内实训基地、实训室、实验室、模拟工厂或车间、技术名师工作室、劳模工作室、工匠工作室、专业教室、智慧教室等资源，还要善于合理利用行业企业、周边高校、科研院所、附近社区、文化馆所等校外教育场所，乃至校友与师生家乡、家庭等劳动教育的重要资源，建立劳动教育共同体，为开展劳动教育提供资源保障，营造学生专业契合、优势互补、良性循环的劳动教育绿色生态。

三、加强劳动教育和专业教育的融合

在工匠精神视域下，应用型高校应加强劳动教育与专业教育融合，把劳动教育融入人才培养全过程。

第一，引导教师深入挖掘专业劳动精神，研究专业劳动伦理，探索专业劳动素质，搭建专业实践平台，强化专业技能训练，完善专业劳动教育教学体系，优化人才素质结构，培养学生精益求精、追求卓越的专业精神和理论扎实、技艺精湛的专业素养。

第二，引导教师加强专业实践教学，使学生熟悉仪器设备，掌握专业操作技能，明确本专业所对应的工作岗位、所从事工作的内容和对工作人员能力与素质的要求，提高动手操作能力、创造性解决问题的能力，为将来走向职场做好充分准备。

四、注重劳动教育在立德树人中的作用

应用型高校要重视劳动教育，凸显劳动教育的重要地位，把劳动教育纳入学校党政重要议事日程，将劳动课程列入人才培养方案与教学计划。应用型高校开展劳动教育要实现日常生活劳动课程、生产劳动课程、服务性劳动课程、专业技术劳动课程等课程全覆盖，劳动课程数量与学时要开足。

在工匠精神视域下，应用型高校在传授学生劳动知识、劳动技能的同时，要把劳模精神、劳动精神、工匠精神融入其中，确保“劳动”与“教育”深度融合，让学生学会做人做事。应用型高校要积极开展劳动模范，大国工匠进校园活动，建立劳模（工匠）工作室，挖掘优秀校友创新创业事迹，发挥劳动教育辐射作用，提升劳动教育效能。

五、构筑多方协同的劳动教育支持系统

应用型高校开展好劳动教育，除需自身全力以赴外，还需社会各方力量的积极广泛参与。国家层面要做好顶层设计，坚持政策导向，为培育工匠精神营造良好制度环境，提升技术技能人才的工资福利待遇。新闻媒体要坚持正确舆论导向，大力宣传能工巧匠事迹、劳模事迹，弘扬劳模精神、劳动精神、工匠精神，积极营造尊重知识、尊重创新、尊重创造、尊重劳动的良好环境。社会各界也要为应用型高校开展劳动教育提供各种便利，助力学生成长成才。

总而言之，构建政府、新闻媒体、社会各界多方协同的劳动教育支持系统，在体系化的劳动教育实践中，培养学生的劳动技能、劳动素养与创造精神，使学生成为政治素质过硬、劳动情怀深厚、专业功底扎实、匠心独运而又实践技能突出的高素质技术技能人才。

六、创造以崇尚工匠精神为核心的校园文化

应用型高校要深化产教融合、校企合作，厚植工匠文化，坚持文化育人、以文化人，实现校园文化与企业文化的融合，全面提升人才培养质量。应用型高校一定要建设以工匠精神为主题的校园文化，基于成果导向教育理念（OBE），实现劳动教育与创新创业教育的紧密结合。应用型高校要凸显教学实践、社会实践、创新创业、文体竞技等实践环节的劳动育人功能，让劳模精神、劳动精神、工匠精神成为校园文化建设的着力点，使全体师生将工匠精神内化于心、外化于行。

参考文献

[1] 孔伊昵，陈汉新，肖志坚．略论工匠精神的培养 [J]. 西部学刊，2020（16）：27.

[2] 袁嘉卉，王珊．会计的工匠精神 [J]. 百科论坛电子杂志，2019（16）：787.

[3] 黄慧化．工匠精神与创新 [J]. 合作经济与科技，2017（13）：156.

[4] 唐鑛，卢衍江，刘华．世界各国工匠精神的比较研究及对我国工匠精神重塑的启示 [J]. 山东工会论坛，2022，28（6）：35.

[5] 马淑红，谷玉芬，何美萱．大学教师“工匠精神”的重塑 [J]. 山西青年，2018（10）：14.

[6] 仝其宾，刘俊杰，吴梦雪．高校工匠精神培育路径研究 [J]. 产业与科技论坛，2021，20（24）：123.

[7] 常文峰．工匠精神培育路径探析 [J]. 安徽工业大学学报（社会科学版），2018，35（4）：54.

[8] 黄淑波．高校教育管理的创新 [J]. 中国科技投资，2019（9）：282.

[9] 刘扬，杨蓉蓉，兰海鹏等．高校教育管理的创新 [J]. 知识经济，2016（15）：171.

[10] 于慧．探讨思政教育与工匠精神在高校教学中的实践 [J]. 魅力中国，2021（32）：223.

[11] 邓礼娟．高校思想政治教育中工匠精神的培育路径探索 [J]. 区域治理，2020（24）：231.

[12] 司马韦伟．德育视角下技术应用型人才“工匠精神”时代内涵探析 [J]. 黑龙江人力资源和社会保障，2021（14）：14.

[13] 杨军．课程思政背景下高校体育教学中工匠精神培育路径 [J]. 华东纸业，2022，52（2）：41.

[14] 周爱平．景德镇陶瓷工匠精神研究 [J]. 陶瓷学报，2022，43（1）：153–157.

[15] 崔秀然．工匠精神缘何重要 [J]. 人民论坛，2018（6）：94–95.

[16] 刘明清．工匠精神与出版创新 [J]. 出版广角，2017（1）：9–11.

[17] 赵海军，许慧燕．论工匠精神的内涵 [J]. 现代经济信息，2018（31）：56.

[18] 贺朝霞 . 论期刊编辑的工匠精神 [J]. 新疆社科论坛，2021（4）：97-98.

[19] 董新春 . 如何培养学生工匠精神 [J]. 大连教育学院学报，2022，38（3）：71-72.

[20] 邹宏秋 . 工匠精神的文化记忆与时代价值 [J]. 学校党建与思想教育，2022（18）：14-18.

[21] 刘文会，李朋 . 工匠精神的培育策略 [J]. 河北企业，2021（5）：134-135.

[22] 赵怡悠 . 刍议中国工匠精神 [J]. 新西部（下旬刊），2017（12）：90-91.

[23] 黄亚妮 . 对工匠精神的再思考 [J]. 深圳职业技术学院学报，2020，19（6）：62-65.

[24] 王晓晰 . 工匠精神涵义探析 [J]. 科技资讯，2018，16（3）：225.

[25] 周治华，曹一龙 . 工匠精神与立德树人 [J]. 青年学报，2019（2）：6-12.

[26] 张立明 . 高校德育途径新探 [J]. 教育探索，2013（3）：110-111.

[27] 李维 . 新媒体环境下高校德育创新策略 [J]. 黑龙江教师发展学院学报，2023，42（1）：147-149.

[28] 李丹 . 高校德育教育现状 [J]. 合作经济与科技，2014（14）：123-123.

[29] 王小珍，胡雅雯 . 高校德育生命化研究 [J]. 河南教育学院学报（哲学社会科学版），2021，40（6）：58-60.

[30] 彭飞 . 高校德育层次论析 [J]. 常州信息职业技术学院学报，2012，11（2）：75-78.

[31] 楼艳 . 高校德育实践的现象学思考 [J]. 广西大学学报（哲学社会科学版），2022，44（5）：195-200.

[32] 王艺 . 高校德育评价改革的思考 [J]. 西部素质教育，2023，9（1）：57-60.